生成ＡＩ時代の
マーケティング

マイクロソフト
Copilot
の衝撃

赤井　誠
杉原　剛
大野柊一
八木克全
長山　剛

日経ＢＰ

はじめに

　これは架空の物語である。「あなたは永遠の命を手に入れることができる。あなたのサイボーグをつくりたいのだ。あなたのすべてのデータをコピーさせてください」と神が耳元でささやく。さて、あなたは、自分自身のすべてのデータを差し出すだろうか？

　『NEO HUMAN ネオ・ヒューマン: 究極の自由を得る未来』という本がある。著者は、ALS（筋萎縮性側索硬化症）という全身が動かなくなる難病を患った科学者、ピーター・スコット‐モーガン。彼は「AIと融合」し、サイボーグとして永遠に生きる道を選んだ。だが、彼の望みは、残念ながら、道半ばでついえてしまう。

　はたして、永遠の命は実現可能なのか。脳をコンピューターにアップロードする。人工心臓・義手義足など肉体を機械に置き換えていく。脳の中のデータのすべて、自分の肉体のすべてを機械に置き換えてしまうのだ。その試みで、最も困難だといわれているのは、自己の意識、つまり、人間の精神を機械に置き換えることらしい。脳のデータをコンピューターにアップロードする、それだけで、人間の意識は機械に置き換わるのだろうか。

　そもそも、意識とは何か？　人類はまだ、自らの意識がなんなのか、よく分かっていない。科学的にまったく分かっていないし、哲学的にも宗教的にも、様々な観点から論じることはできるが、人間の意識を人間の手で作り出せるようには、まったくもって、なっていない。そんな「神の領域」には、人類は到底、及んでいない。

　2022年末から生成AIブームだが、「意識があるように見えること」

と「意識があること」の間には、越えられない断絶が存在する。

意識とは何か？　いや、そもそも、人間とはなんなのか？　もっと理解しなければならない。

私は約25年間、IT業界・ネット広告業界で仕事をしてきた。1990年代後半にアメリカ西海岸に留学し、そのままサンフランシスコで就職した。Overture（後にYahoo!が買収）、Google、AdMob（後にGoogleが買収）、個人会社、そして、現在のMicrosoftなどでの職歴をもつ。

その間、主にネット広告業界の多くの方々と仕事をしてきた。その中の気鋭の有志の方々から最近、同じような相談を受けるようになった。つまり、「生成AIについての本を出したい」というのだ。現在の生成AIのモメンタム、および、予想されるインパクトについて、このタイミングで、ある程度、本にまとめておくことに意義があるのではないか、と。今年の春ごろからのことだ。

マイクロソフトの生成AIテクノロジーが市場で利用できるタイミングで、この本を世に出すことに意義があると考えた。私自身は、日本マイクロソフトの広報担当者や関係者との「架け橋」として、執筆者と出版社の日経BPを紹介したに過ぎない。そして、そのご縁で、今、この「はじめに」を書かせていただいている。このような機会をいただいたことに、「感謝」しかない。

この「感謝」という感情、あるいは、喜怒哀楽など、人間精神の機微を、AIが理解するのも困難なことだろう。この本は、「生成AI時代のマーケティング」をテーマにしている。生成AI（あるいは、単に

AI）が広告やマーケティングに与える影響について、その現在と未来について書いている。

　広告やマーケティングにおいて、その対象となるのは「人間」である。動物に対して広告やマーケティングを行うという話は、今のところ、聞いたことはない。チンパンジーがどんなに人間に近い存在であったとしても、チンパンジーをターゲットにして広告やマーケティングを行ったことはない（少なくとも、私はない）。

　アメリカ西海岸に留学したとき、大学院のマーケティングのクラスを受講した。そこで、「顧客理解」という言葉を知った。顧客理解とは、結局は人間の理解であり、人間を理解するとは、論理的な思考様式・パターンだけではなく、喜怒哀楽など感情的側面も含めた、人間の精神全般とその結果としての人間の行動様式・パターンについて理解を深めることだ。

　人間を理解し共感できる能力。相手の立場や気持ちをおもんぱかって行動できる能力。相手に配慮したコミュニケーション能力。そのような能力なくして、優秀なマーケターにはなれないだろう。電通・博報堂・サイバーエージェントなどのプロには、「人間臭い」魅力的な傑物が多い。そこには、理由がある。

　今は昔、夜遅くまで仕事でよく議論したものだ。企画会議、あるいは、広告会社の方々と一緒に競合プレゼンの準備をする。侃々諤々（かんかんがくがく）の議論を、夜を徹してやる。ケンカもすれば仲良くもなる。涙するほど感動するCM。ついつい笑ってしまう動画。想定通りにターゲティング広告の効果がアップして、コンバージョン数も劇的に増加。クライアント企業から感謝の言葉をもらう。

いやいや、失敗談もたくさんある。そんな一つ一つの仕事に、感情が高ぶる。充実感や満足感を感じて、仲間と一緒に仕事できることに感謝する。

　「オレ、生きてる〜」って叫びたくなるような、生きている意味を実感する、そんな充実感。

　そうだ、広告やマーケティングとは、いかに「人間臭い」仕事であることか。顧客理解、つまり、人間理解から始まり、本気の議論で知性と感性を衝突させながら、まるで知の格闘技のような議論を経て、企画がまとまり、資料をなんども推敲し、プレゼン、そして、エグゼキューション、オペレーション、効果測定、PDCAを回すなど、一連のプロセスを概観したとき、そこには、圧倒的な「人間力」が要求される。

　「AIで自動化」とよく簡単にいうけれども、まだまだ、人間が行う領域が多いのが広告・マーケティングの仕事だろう。

　しかしながら、今の生成AIのインパクトを見ていると、明らかに大きな変化をもたらす、と感じるところもある。いや、おそらく、今乗り遅れると、取り返しのつかないことになる。そんな切迫感があるし、事実として、すでにインパクトが出始めている。その中身については、それぞれの執筆者が本書の各章で論じている。そのため、詳細についてはそちらに譲るが、ひとつだけ、私の経験からここに書いておきたいことがある。

　それは、「AIアシスタント」、あるいは、「AIコンシェルジュ」といってもいい。約25年前にサンフランシスコで就職し、その後、折に触

れて、シリコンバレーのエンジニアなどから耳にするコンセプトだ。シリコンバレーのエンジニアがいつか実現したいこと。その一つに、私の理解では、「AIアシスタント」や「AIコンシェルジュ」がある。

　日本育ちなら分かりやすいのは「ドラえもん」だ。のび太くんのことをなんでも理解していて、のび太くんのためになんでも尽くしてくれるAIロボット、それが「ドラえもん」だろう。ときに相談相手としてアドバイスをし、ピンチのときにはジャイアンから守ってくれる。遊び相手にもなるし、なんといっても、必要なときに役に立つ道具をポケットからなんでも出してくれる。

　のび太くんを顧客に置き換えれば、顧客のことを理解して、必要なときに必要な助けをしてくれる、頼もしい役立つ存在。必要なときに必要な商品やサービスを提案してくれる。広告やマーケティングの観点からいえば、そんなブランドになれれば、とても理想的だろう。信頼され、役に立つブランド、一つの目指すべき姿だ。

　かなり前のことだが、自動車メーカー本社のマーケティング担当者と話していたときに、こんな悩みを聞いたことがある。「自社のクルマに実際に誰が乗っているのか、実は、本社では把握していないんです」と。

　つまり、系列の販売店、ディーラーに顧客データはあるけれども、そのデータは本社に共有してもらうことができない。例えば、東京・三鷹にある販売店と東京・吉祥寺にある販売店は、商圏エリアが重なっているために同じ顧客を取り合うライバル関係にある。したがって、その大事なお客さまのデータを本社であっても共有したがらないとのことだった。結果的に、その自動車メーカーのクルマに実際に乗って

いる人を本社ですら、すべて把握できていない、という状態に陥る訳だ。これは、統合的なCRM（顧客関係管理）やCDP（カスタマー・データ・プラットフォーム）が構築できないという、日本のメーカーでよくある事例である。

　いわゆる大手化粧品メーカーやCPG（消費財）などのブランドでも、販売を流通・小売りに依存している比率が高く、歴史的にCRMやCDPがきちんと構築できていない。昨今、DtoC（ダイレクト・トゥー・コンシューマー）の重要性が叫ばれ、化粧品や日用品のブランドでもECサイトやアプリを構築し、一部の顧客データを整備し始めている。しかし、それは一部の顧客に過ぎないのが現状だ。

　このCRMやCDPの重要性は、生成AIの時代に、ますます大きくなっていく。そして、このままでは、生成AIのトレンドに乗り遅れてしまう。なぜなら、「AIアシスタント」や「AIコンシェルジュ」の時代が幕を開け始めたからだ。

　例えば、テスラは、一応、電気自動車メーカーだろう。ただ、そのクルマは、それ自体が端末になっている。自動運転者は、GPS（全地球測位システム）やセンサーによって位置情報を把握し、電波によってデータがサーバーとやりとりされている。顧客データだけではなく、リアルタイムに様々なデータをメーカーが取得できる可能性があるのは想像に難くないだろう。

　自動車という端末にもIDが付与されているだろうし、クルマのオーナー（顧客）のIDもきちんと把握されて、必要なときに必要なサービスを届ける準備ができているはずだ。CRM・CDPが当然、きちんと整備されている。走る「ドラえもん」になる可能性がある。

　ところで、「ドラえもん」は、のび太くんのIDを管理しているだろうか。のび太くんの趣味嗜好や行動履歴データなどを管理・分析して、サービスをしているのだろうか。いずれにしても、広告やマーケティングの領域で、生成AIが活用されていくとき、その時代の流れに対応するには、顧客理解が重要になる。顧客理解とは人間理解である。人間理解を深めて、趣味嗜好や行動履歴データなどを管理していくには、CRM・CDPの整備が必要だ。「ドラえもん」がのび太くんのことを理解してくれるように。

　「AIアシスタント」や「AIコンシェルジュ」の時代に向かって、ブランドの在り方が変わるとき、その一つの形として、あなたのブランドが生成AIを活用して、パーソナライズされたコミュニケーションを実現したいと思ったら、顧客理解は必須になる。

　ところで、私には娘が2人いる。小学生と中学生で2人ともスマートフォンを使っている。私はペアレンタルコントロール機能を使って、娘たちに有害な情報や成人向けコンテンツが表示されないように設定している。そのため、娘たちの個人情報をサービス提供者に自ら共有している。つまり、提供者のブランドを信頼して、「積極的に共有している」ということだ。自分の子供たちの個人情報を自ら渡すという行為は、最大限に信頼していることの証である。

　生成AIの時代にブランドに必要なもの。それは、ブランド・インテグリティーといってもいい。匿名（メールアドレスやCookieだけ）で共有してもらっているのか？　それとも、実名で顧客データを共有してもらっているのか？　そこには大きな違いがある。

　インテグリティーとは、「誠実さ」と訳される。つまり、「言う」「成

す」を実際に行うことが、「誠実さ」だ。あなたのブランドの「言う」
こと「成す」ことは、信頼に値するのか？　あなたのブランドは、実
名で顧客データを共有してもらっていますか？

　生成AI時代のマーケティングに、顧客IDは必須になる。そこには、
ブランド・インテグリティーが要求される。そんな時代が到来する予
感がしてならない。

2023年10月吉日
Microsoft Advertising Japan　有園雄一

マイクロソフト **Copilot** の衝撃
生成AI時代のマーケティング

Contents

INTERVIEW **馬渕邦美氏**
グローバルグローバル コンサルティングファーム
パートナー 執行役員
一般社団法人Metaverse Japan 共同代表理事

聞き手:有園雄一氏

著者プロフィール

赤井 誠（あかい まこと）
MKTインターナショナル株式会社
代表取締役社長

日本ヒューレット・パッカード株式会社に入社後、ソフトウェア開発、マーケティング、経営企画に従事。ビジネスリーダーとして、Linux事業では、サーバービジネスを国内首位に押し上げる。Windowsビジネスでは、アジアパシフィック部門でMVPを獲得。VMWareビジネスでは、VMWare社日本法人のThe OEM Partner of the year 2年連続獲得に貢献するなど数々の実績を残し、2011年にMKTインターナショナル株式会社を起業。新技術動向に強いマーケティングとして評価されている。京都大学卒業（応用人工知能論）、神戸大学大学院経営学研究科修了、テキサス大学MBA交換留学

杉原 剛（すぎはら ごう）
アタラ合同会社
創業者兼CEO

KDDI、インテルを経て、オーバーチュア（Yahoo!広告）、Google広告の広告営業戦略担当。2009年にデジタルマーケティングやデータ活用のコンサルティングを提供するアタラ合同会社を創業。広告プラットフォームのサービス立案やオペレーション設計が得意で、Google広告をはじめとする運用型広告、リテールメディアなどの最新情報を発信する日本では数少ないビジネスアナリストでもある。Voicyチャンネル「プラットフォームの思考回路」放送中

大野柊一（おおの しゅういち）
アタラ合同会社
マーケティングコンサルタント

大学を卒業後、商社にて営業に従事。営業活動を通じてマーケティング分野に興味を持ち、アタラ合同会社へ入社。Google広告やMicrosoft広告をはじめとする運用型広告は幅広い媒体を経験している。運用型広告に関する情報発信メディア「Unyoo.jp」の執筆者としても情報を発信中

八木克全 （やぎ かつまさ）

**株式会社電通コンサルティング
代表取締役 社長執行役員**

第3章
監修

京都大学、大学院で建築を専攻（工学研究科修士課程修了）。電通入社後、営業局、マーケティングコンサルティング局にて、デジタルサービスの開発／推進領域、大手企業のデジタル事業の開発／事業グロースを経験。2016年より電通デジタル立上げに参画。デジタルトランスフォーメーション領域管掌の執行役員として、新規事業、サービス開発やトランスフォーメーションコンサルティングを推進。2022年より電通コンサルティングに参画。新規事業／サービス開発や変革支援を得意とする

長山 剛 （ながやま つよし）

**株式会社電通コンサルティング
パートナー**

第3章

自身でデザインファームを設立、その後、大手広告代理店、米系大手EC企業、そして外資系経営戦略コンサルティング企業等を経て、現職。ビジネス×デザイン×テクノロジーの三位一体から、未来を切り開く課題解決への挑戦を、事業サービス企画・戦略策定・仕組み化で実践する日々。テクノロジーが急速に進化する時代を生き抜くために、経営として企業がとるべき変革アクションや事業のあるべき姿は何か、現場でテクノロジーとどう向き合うべきか、私たちがどのように働き、どのような人生を歩むとより豊かな未来を創造できるのかをテーマに、テクノロジーとデザインを融合させた新しい社会の形成を目指している。人々の新しい生き方と、日本の再興に向けた真の変革を追求することをライフワークとしている

秋枝克実 （あきえだ かつみ）

**株式会社電通コンサルティング
プリンシパル**

第3章

メーカー系SIerにてキャリアをスタートし、外資系コンサルティング企業、電通デジタルを経て現職。テクノロジーの進化に伴い生活者ひとりひとりの多様な価値観に合わせ、企業がサービスを提供できるようになってきた現在において、人とテクノロジーのそれぞれの強みを活かし、企業の目指すべき提供価値の実現に向け、企業の変革を支援。人がすべきことに集中できる社会の実現を目指し、今まで代替手段がなく人が実施していた仕事の一部をデジタルの力で人から解放し、人が強みとなる領域に注力できる環境をデジタルとリアルの両面から取り組み実現することを信条とする

第 **1** 章

Microsoft Copilot
で変わる働き方

第1節

AIの進化で働き方は
どう変わるのか？

◼1 鉄腕アトムがついに20才に！

　高度なAI（人工知能）を搭載したロボット『鉄腕アトム』は、原作では2003年4月7日に生まれた。2023年はアトムが20歳の誕生日を迎えた記念すべき年だったことになる。原作における2023年のアトムは、ロボットながらも人間らしさを持ち、高度なAIによって感情も持っていた。

　では、現実に迎えた2023年はどうだろうか？ 2023年は、アトムの誕生日を記念するかに合わせたかのように、AIチャットボット「ChatGPT」が旋風といえるほど大きな話題になった。もっとも、ChatGPTがアトムほどのAIを持っているかといえば、そのレベルには達していないことは原作を読んでいればすぐに分かる。一方で、ここまで大きな話題になったAIもまた記憶にない。

　米オープンAI（OpenAI）が公開したChatGPTは、インターネット上の大量のテキストデータから学習し、人間との自然な会話を行う。詩や物語、ソフトウエアコードなどを生成したり、歴史や科学や芸術などのトピックについて議論したりできる。今までのAIから一歩超えた能力を持つChatGPTは、単に情報を伝えるだけでなく、自分の意見や感想を述べたり、ユーモアや皮肉を交えたりすることもできる。人間らしさが大きく向上している点が、様々な人、組織、企業に大きな影響を与えている。

　ChatGPTを開発したOpenAIは、営利法人のOpenAI LPとその親会社で非営利法人のOpenAI Inc.からなる、米国で人工知能の開発を行っている企業である。2015年、現CEOのサム・アルトマン氏やイーロン・マスク氏（現在は離脱）らによって、当初は非営利法人としてサンフランシスコで設立された。2019年3月に営利企業のOpenAI LPを設立し、同年7月には米マイクロソフトから10億米ドルの出資を受けた。

　このような提携もあり、OpenAIが提供するChatGPTを含むAIソリューションをベースにした製品が、マイクロソフトから「Bing Chat」や「Azure OpenAI Service」などをはじめ矢継ぎ早に発表されている。

　多くの読者にとってなじみの深いWindowsOSにも大きな変化がある。マイクロソフトはAIをCopilot（副操縦士）として提供するスタンスで、2023年6月29日、WindowsOSにAI機能を組み込んだ「Copilot in Windows」（発表当時、Windows Copilot）のプレビューを開始した。そして、PowerPoint、Excel、Wordといった仕事で欠かせないオフィスソフトウエアにも、AIを搭載することを発表している（Microsoft 365 Copilot）。

※Copilot in Windowsは、2023年下半期に配信が開始されたWindows 11 23Hにプレビューが同梱され、Microsoft 365 Copilotは、11月1日から企業のお客様向けに提供される予定

　本章では、生成AIがどのように働き方に変化をもたらすかを、マイクロソフトが提供する生成AIソリューション（Copilot in WindowsやMicrosoft 365 Copilotなど）を活用した製品をベースに、具体的に考えていこう。

② AIによって半分の仕事が 消えると言われてから10年

　Copilotの発表から遡ること10年前の2013年9月、英オックスフォード大学のマイケルA.オズボーン氏とカール・ベネディクト・フレイ氏は、米国において10〜20年以内に労働人口47%が機械に代替されるリスクが70%以上という推計結果を発表した[*1]。この発表は世界中に大きな衝撃を与えた。AIと仕事について議論を巻き起こし、これを契機に世界中で「AIと仕事」に関する研究が一種のブームとなり、日々、新しい研究成果が発表されている。

News Release

2015 年 12 月 2 日
株式会社野村総合研究所

日本の労働人口の 49%が人工知能やロボット等で代替可能に
〜 601 種の職業ごとに、コンピューター技術による代替確率を試算 〜

　　株式会社野村総合研究所（本社：東京都千代田区、代表取締役会長兼社長：嶋本 正、以下「NRI」）は、英オックスフォード大学のマイケル A. オズボーン准教授およびカール・ベネディクト・フレイ博士[*1]との共同研究により、国内 601 種類の職業[*2]について、それぞれ人工知能やロボット等で代替される確率を試算しました。この結果、10〜20 年後に、日本の労働人口の約 49%が就いている職業において、それらに代替することが可能との推計結果が得られています。

　　この共同研究は、NRI 未来創発センターが「"2030 年"から日本を考える、"今"から 2030 年の日本に備える。」をテーマに行っている研究活動のひとつです。人口減少に伴い、労働力の減少が予測される日本において、人工知能やロボット等を活用して労働力を補完した場合の社会的影響に関する研究をしています。

■ 日本の労働人口の約 49%が、技術的には人工知能等で代替可能に

　　試算[*3]は、労働政策研究・研修機構が 2012 年に公表した「職務構造に関する研究」で分類している、日本国内の 601 の職業に関する定量分析データを用いて、オズボーン准教授が米国および英国を対象に実施した分析と同様の手法で行い、その結果を NRI がまとめました。それによると、日本の労働人口の約 49%が、技術的には人工知能やロボット等により代替できるようになる可能性が高いと推計されました（図1）。（代替可能性の高い職種、代替可能性の低い職種の一部を【ご参考】で紹介しています。）

野村総合研究所のプレスリリース（2015年12月）

　国内においても野村総合研究所が2015年、上述の2人との共同研究で、国内601種類の職業について、それぞれAIやロボットなどで代替される確率を試算した。10〜20年後に、日本の労働人口の約49%が就いている職業において、それらに代替することが可能との推計結果が得られたと発表している。[*2]

　一方、OECDは2016年、雇用がAIに置き換えられる可能性が高い仕事の割合は米国で9%、OECD平均で9%、日本では7%としている。[*3]

　これは、ILO（国際労働機関）による最新の調査結果（2023年8月）においても、大半の仕事が生成AIに完全代替される可能性は低く、生成AIは雇用破壊ではなく雇用補強につながるとする研究結果を発表した。[*4]

　このように直近の研究では、雇用が大きく減少することはないとの見方がコンセンサスのようである。

　経済産業研究所上席研究員の岩本晃一氏は、「AIと日本の雇用」（2019年）の中で次のように述べている。[*5]

　「現実的には、機械化が進むと、1人の労働者全体が代替されるのでなく、その労働者が行っている様々な作業（タスク）の一部が機械に代替される。機械化が進めば、代替されるタスクは増えるが、いまだに人間そのものを100%代替可能な機械は発明されていない。すなわち、テクノロジーの進歩に伴って、機械が行うタスクと人間が行うタスクの分化が進むのである。だが、フレイ＆オズボーンは、そういった現実に沿わない1人の人間全体が代替されることを前提に試算したため、過大な数字になったものと考えられている。」

ただ、10%近い仕事が影響を受けるということは、やはりかなりの
大きな変化であると考えられないだろうか？　AIによって、私たちの
仕事のやり方が「変わらない」といえるのだろうか？

　私たちは業務上、様々な作業（タスク）を行う。例えば営業部員が
提案書をつくる場合、次のようなタスクに分割できるだろう。
　・調査を行う
　・構成をつくる
　・資料をつくる
　・社内で承認を得る

　こうしたタスクをさらに分解し、自分の作業がどのように変化して
いくかを考えていくことが必要だろう。

❸ 現在の労働者の6割は、 1940年には存在しない仕事をしている

　国家資格キャリアコンサルタントでもある筆者が、キャリアについ
て講演をする際、以前から話しているのが以下のフレーズだ。
「現代の労働者の60%は1940年には存在しなかった職業に就いている」

　これはMIT教授のデイビッド・オーター氏らの調査で紹介されてい
る内容だ。現在、管理職、事務職、専門職、対人サービス職を中心に、
1940年には存在しなかった職業に就いているという。[6]

　企業の成長とともに、管理職の必要性が高まり、また高度なテクノ
ロジーなどの進展により、専門職のニーズが高まっているということ
だろう。

　筆者が子供の頃を思い出すと、駅には、切符を切る駅員が改札にいた。今や自動改札機に置き換わってしまった業務の例だ。一方で、新しい職業が次々と生まれている事実もある。1990年にはWebデザイナーという仕事は存在しなかったが、今や多くの人がその仕事に就いている。このように時代の変化、テクノロジーの進展により、減少する職がある一方で、新しく生まれる職もあるのだ。

　また、職業のタスク（作業）も、変化していくことが想定できる。ビジネスパーソンは日々の仕事で定型業務に割いている時間が多いだろう。こうした定型業務は年々、ITによって置き換わっていっている。2018年の『経済財政白書』によれば、仕事でITを使う頻度が高いほど、定型業務が少ないという関係性が国際比較からも示されている。[7]
　日本はOECD平均と比較して、仕事におけるITの使用頻度は低く、定型業務が比較的多く残っている国であるという。まだまだ生産性を向上させる余地があるということだ。

第2節

マイクロソフトの調査が明らかにする働き方の課題と解決策

1 デジタルツールの使いすぎによるストレス

　では、今回の主題となるCopilot in Windowsを提供するマイクロソフトは、AIをどのように捉えているのだろうか？

　マイクロソフトでは、年に1度、31カ国の3万1000人を対象にした調査結果を基に、働く人や組織の変化をまとめた「Work Trend Index」というレポートを発行している。[*8]

　最新の2023年版レポートでは、AIが労働力にどのような影響を与えるかを展望している。

　レポートによると、約3人に2人（64%）が、仕事をするための時間とエネルギーの確保に苦慮していると回答。それによって企業のリーダーの6割が、チーム内のイノベーションや画期的なアイデアの欠如につながることを懸念している。

　平均的な従業員は57%の時間をコミュニケーション（会議、メール、チャット）に、43%の時間をコンテンツ作成（文書、スプレッドシート、プレゼンテーション）に費やしているという。

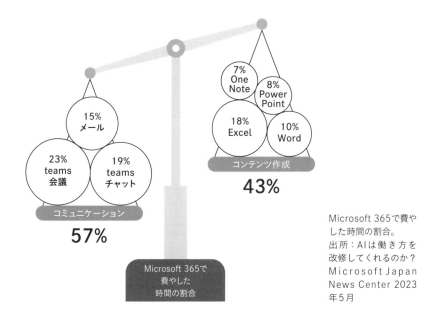

Microsoft 365で費やした時間の割合。
出所：AIは働き方を改修してくれるのか？ Microsoft Japan News Center 2023年5月

　新型コロナウイルス禍の2020年2月以降、1週間当たりのTeams会議や通話の数は2.92倍と3倍近く増えたという。絶え間なくITを使ったコミュニケーションが増加し、68％の人が、仕事に集中する時間を十分に確保できず、62％の人が、仕事中に情報を検索する時間が長すぎることに悩んでいると回答している。ここからは、クリエイティブな活動に時間を使えない様子が見て取れる。これではビジネス全体に悪影響を及ぼしてしまう。

　こうした状況についてマイクロソフトは、「データ、電子メール、会議、通知の量が、私たちの処理能力を上回っている」として、この現象を「デジタル負債」と呼んでいる。

2 従業員の7割は AIに仕事を任せたいと思っている

　AIが発達すると「自分の仕事が奪われるのでは？」という話題がでる。しかしWork Trend Indexによれば、従業員はAIに仕事を奪われることを恐れるより、AIが仕事の負担を軽減してくれることを切望する傾向が強いという。49%の回答者が、「AIに自分の仕事が取って代わられることを心配している」と答えているが、それよりも多い70%の回答者が、「自分の仕事量を減らすために、できるだけ多くの仕事をAIに任せたい」と答えているのだ。

　さらに、4人に3人（76%）が、事務的な作業だけでなく、分析的な作業（79%）、クリエイティブな作業（73%）にもAIを活用することに「抵抗がない」と回答している。また、必要な正しい情報や答えの発見（86%）、会議やアクションアイテムの要約（80%）、1日の計画立案（77%）を支援するAIを求めている。

　ビジネスリーダーからも、「職場のAIの価値について最も重視することは何か」という質問に対し、「従業員数の削減」より、「従業員の生産性向上」を選ぶ傾向が約2倍高く出ている。AIで人を置き換えるのではなく、人への支援を望んでいることが分かる。

　マイクロソフトでは、ビジネスリーダーも従業員も、より創造的な仕事を行うため、AIで人を置き換えるのではなく、AIが人を支援することを望んでいると結論づけている。

❸ AIは働く人の味方になる

　では、AIを活用できるようにするにはどういったことが求められるだろうか。

　今までのようにすべてAIがやってくれる方向性ではなく、次世代のAIは副操縦士（Copilot）として人と共に働き、人をデジタルの負債から解放し、イノベーションを推進してくれるツールが望まれていることになる。

　マイクロソフトCEOのサティア・ナデラ氏は、次のように述べている。

　「この新世代のAIは、仕事の雑務を取り除き、私たちの創造性を解き放ってくれるでしょう。デジタル負債の軽減、AI適性の構築、従業員の能力向上を支援するAI搭載ツールには膨大な機会があります」

　つまりマイクロソフトが目指すAIは、働く人の味方をするツールを提供していくということのようだ。

❹ でも、AIを使いこなせる人材はどこにいるの？

　しかし新しいAIが提供されるからといって、すべてが解決されるわけではない。AIが副操縦士として共に働く時代には、それまでと違った新しい働き方と、新しいAIを活用する適性が必要になる。

　Work Trend Indexでは、82％のビジネスリーダーが、「従業員にはAIの普及に備えた新たなスキルが必要になる」と回答している。

　やりたいことはあるが、手間がかかって時間がない、デジタル負債に振り回されている――。そんなビジネスパーソンには、次世代のAIを副操縦士として活用し、仕事をすることが必須スキルになる時代が目前に迫っていることを認識してほしい。

新たなAIテクノロジー 生成AIの登場と衝撃

▓ 生成AIって何？

　生成AIは、英語でGenerative AIとも呼ばれる（日本語で「ジェネレーティブAI」と呼ぶ場合もある）。生成AIは、学習したデータを基にして、画像、文章、音楽、プログラミングのソースコード、アイデアなどのコンテンツを作成する。

　OpenAIが提供するChatGPTは、文章やソースコードなどを生成し、DALL-E 3（ダリ スリー）は、画像やイメージを作成する。
　その基礎テクノロジーの1つとなるが大規模言語モデル（LLM）である。技術的な詳細は専門メディアに任せるが、LLMは膨大な量のテキストデータを学習した、自然言語処理のモデルである。テキスト分類や感情分析、情報抽出、文章要約、テキスト生成、質問応答といった自然言語処理を実現できる。

　代表的なLLMの例は、2018年に米グーグルが発表した「BERT」や、2020年にOpenAIが発表した「GPT-3」、2023年に米メタが発表した「Llama2」などがある。

　生成AIとして広く利用されているChatGPTは、GPT-3をベースにしたGPT-3.5の応用モデルとして発表され、現在はOpenAIの提供する最新のLLMであるGPT-4にも対応している。後で紹介するマイ

クロソフトが提供するBing Chatは、GPT-4ベースの生成AIである。

　もう1つ重要な概念が、プロンプトである。コンピューターに詳しい人であれば、より細かい指示をOSに行うには、コマンドプロンプトから命令を指示するのはご存じのはずだ。かつてWindows以前の時代にマイクロソフトが提供したMS-DOSでは、コマンドプロンプトでファイル一覧を得るためのコマンドdirをプロンプトに入力したりした。

　生成AIが利用するプロンプトは、そのような難しいコマンドを覚える必要なく、自然な言葉で指示すれば、内容を解釈して実行する。
　ChatGPTのプロンプトに指示を入力すれば、ある程度希望した回答が返ってくる。しかし、具体的でないプロンプトに対しては、満足を得られない回答になることも多い。実際に試してみてほしい。ChatGPTに自分が同じことを聞いているつもりでも、プロンプトの書き方によって、回答内容が違ってくることがある。そのため、書籍やネット上には、より希望通りの回答を得るためのプロンプトを作成するノウハウが公開されている。

　モデルに実行してほしい特定のタスクを、詳しい情報を付加して、必要とする出力形式を指示しながら、プロンプトを作成することが求められる。
　こうしたプロンプト作成方法は、「プロンプトエンジニアリング」と呼ばれる。プロンプトエンジニアリングの基礎を理解したい人は、定番ともいっていいサイト「Prompt Engineering Guide」を参照してほしい。[9]

② 生成AIがもたらす働き方の革新

　生成AI活用によって、職に対する影響も徐々に見えてきている。例えば、次のような働き方の変化が起こるだろう。

	影響を受けるタスク （生成AIが対応）	より比重が高くなるタスク
会計・税務職	会計の入力、仕分け、従業員の給与・税金処理	財務会計におけるデータ分析や問題点の解決策の立案、節税や投資など
広告代理店、マーケティング	マーケティングコンテンツの制作、検索連動型広告のコンテンツの作成、投稿など	マーケティング戦略の立案・顧客やチャネルの関係分析など
ITエンジニア	システム開発における簡単なコーディングやテスト、よくある質問への対応	高度なプログラミング、システムアーキテクチャーの設計、プロジェクト管理など
イラストレーター	定型的なイラスト	よりクリエイティブなイラスト作成
記者・ライター	簡単な記事作成、プレスリリースなどのまとめ	多角的な分析に従う記事作成
ファイナンシャルプランナー	資産分析、貯蓄計画など	キャリア設計、キャリア教育

③ 生成AIを活用する経営の秘訣

　生成AIが今後まったく普及しないことはないだろう。ならば、いつ始めるかが重要だ。

　マイクロソフトの生成AIソリューションに代表されるように、現状、

生成AIを導入する経済的・技術的ハードルは今までの新しいテクノロジー導入に比べて高くない。行動にまったく移さないままでは、生成AIを導入した競合との差が急速に広がる恐れがある。

　ジェフリー・ムーア氏が唱えた「キャズム理論」という考えがある。IT業界ではデファクトスタンダードとして用いられている。

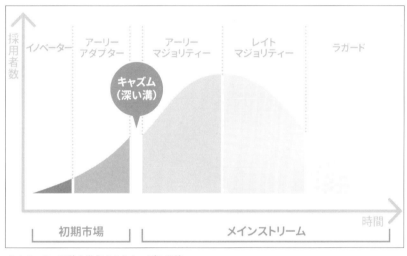

イノベーター理論を進化させたキャズム理論

　キャズムの考え方はこうだ。新しいテクノロジーの普及曲線を考えたとき、イノベーター（革新者、市場全体の2.5％）とアーリーアダプター（初期採用者、市場全体の13.5％）を初期市場、アーリーマジョリティー（前期追随者、市場全体の34％）、レイトマジョリティー（後期追随者、市場全体の34％）、ラガード（遅滞者、市場全体の16％）をメインストリーム市場とし、両者の間には「キャズム」と呼ばれる深い溝（市場に製品やサービスを普及させる際に越えるべき障害）があって、この溝を越えることが市場開拓において重要だとする理論で

31

ある。

　このキャズムの考え方に従うと、生成AIは今どのあたりにいるだろうか？　キャズムを越えていないアーリーアダプター（初期採用者）段階か、キャズムを越えて、アーリーマジョリティーのいるメインストリーム市場へ入ったかといったところだろう。

　アーリーアダプターは、少々の課題があったとしても、導入することで早期導入のメリットを享受する層といえる。アーリーマジョリティーは、そういった先行者の経験やノウハウを見た上で、手離れよく導入できたり、教育体制が立ち上がっていたりするなどの障害がなくなってから導入する層である。

　企業経営者の視点から見ると、アーリーアダプターなのか、アーリーマジョリティーなのか、どちらの立場で動くのかを見極めることが大切だ。アーリーマジョリティーを目標にしているのに、アーリーアダプターのような動き方をすると、導入時にトラブルやチャレンジが頻発し、活用に対するモチベーションが低下して失敗に終わることも想定できる。注意してほしい視点である。

　また、会社のリソースを考慮せずに、あらゆる領域で生成AIを導入すると、どっちつかずになって成果が得られないだろう。新しいテクノロジーの導入には、企業カルチャーが影響する面も大きい。それらを見極めた上で導入を検討してほしい。

第4節

マイクロソフトが目指す生成AIが支援する働き方の未来

■ 検索で働き方を効率化する

　すぐにでも利用してもらいたい生成AIといえば、マイクロソフトが提供する「Bing Chat」だ。

　OpenAI提供の大規模言語モデル最新版「GPT-4」を搭載した検索サービス「Bing」プレビュー版の提供を開始した。最新のGPT-4のモデルをBing経由で無料で利用できるということだ。

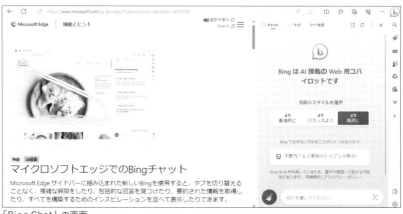

「Bing Chat」の画面

　Bing Chatをビジネスで活用すれば、作業の効率化、アイデア出しなどの仕事に役立つことは間違いない。Bing Chatの基本的な使い方に加えて、コツを覚えることで、得られる結果はより望ましいものになる。

Bingへのアクセスは、Bingトップページ（https://www.bing.com）にアクセスする方法と、Edgeの右タスクバーに組み込まれたBingのロゴ（「b」の画像）をクリックする方法がある。OpenAIが提供するChatGPTの画面から検索する方法とBingトップページから検索する方法は、あまり変わらない。

　従来の検索サイトでは、入力した検索ワードに合ったページが表示されていた。しかし、単純な単語を入れても、必ずしも自分が検索したいページにたどり着けない。そのため、複数のワードを組み合わせて検索する必要があった。検索結果ページに表示されるリストを先頭から順に開いていき、自分が求めている情報が掲載されているページにたどり着くまで、リスト化されたページを確認したり、何度も検索ワードを変更したりするなどして、検索を繰り返していたはずだ。

　しかし、ページのアクセス数で広告費などを獲得するサイトが急増し、同じような内容のページばかりリストされるなど、検索が十分に機能しないケースも発生している。例えば「（有名人の名前）　学校」で検索すると、コピー＆ペーストで作ったようなページが多数リストされている。

　これから紹介する「Copilot in Windows」について聞いてみることにしよう。

Bing ChatがCopilot in Windowsについて説明してくれた

　現時点では、1つの話題に対する会話のターンは30回までに制限されている。回答枠の右下に「1/30」と記されているのはそういう意味だ。
　検索結果の表示は、OpenAIのChatGPTと大きな違いがある。Bingの回答には、詳細情報としてリンクが付加されている。よく話題になるように、生成AIは自信を持って間違いを回答する。これはテクノロジーが発展途上であることや、学習したデータの時期に制限があったりすることなどから発生する。

　Bingの回答結果は、詳細情報のリンクをクリックして、詳細を確認できる。ただし、英語の学習データと日本語の学習データの分量にはまだ差があることや、それらを相互に利用していないためだと推測されるが、日本語で検索した場合と英語で検索した場合で、回答内容が微妙に異なるケースも発生する。そのため、AIだからといって検索結果が絶対に正しいことにはならない。しかし、今まで検索に使ってきた時間に比較すれば、より短い時間で求める検索結果にたどり着けるようになるだろう。
　仕事に活用するに当たってお薦めしたいのが、Edgeの右タスクバーに組み込まれたBingロゴをクリックして利用する方法だ。上部に【作成】というメニューがあるのでクリックしてみよう。

書籍やネットには、OpenAIのChatGPTを利用するための、様々なプロンプト文例やテンプレートが紹介されている。Bingの場合、そうしたよく利用する指示をあらかじめ準備している（もちろん、自分でも追加できる）。企画書や謝罪文などのプロフェッショナルなトーンや、歓迎会などのカジュアルなトーンなど、状況によって求められるトーンは異なる。メールで配信する場合もあれば、Wordで清書が必要な内容もある。そうした状況に合わせて、クリック1つでトーンを指定できる。「執筆分野」「トーン」「形式」「長さ」を指定して、Bingに様々なコンテンツ作成を依頼する。

　では、企業でよくある新人歓迎会の案内をメールで送るという想定で、カジュアルなトーンの案内文を作ってもらおう。

「執筆分野」に概要を入力し、トーンは「カジュアル」、形式は「メール」、長さは「中」を選択。「下書きの生成」を押すだけ

　この「プレビューボックス」に表示された内容をコピーして、少々の編集、手直しを加えれば、あっという間に完成する。

　では、実際に仕事で使えそうな例を考えよう。以下は筆者がセミナーを企画するときに利用したプロンプト例だ。

●執筆分野
以下の情報を基にして、Windows 11導入セミナーを実施するための内容を考えてください。
セミナーのタイトル、主題・目的を達成できる内容にすること
聴衆の知識レベルを考慮すること
#出力形式に従うこと

#セミナーのタイトル
企業でのWindows 11導入メリットを強調してください

#主催
ITイノベーションハブ株式会社

#ターゲット顧客
関西地区の中堅企業。社員数は500人から1000人。情報システム部門の人数は多くない

#想定する時間
2時間

#目的
Windows 10を利用している企業が、Windows 11へ移行するための情報を得る

#出力形式
＊セミナータイトル
＊日時
＊場所
＊セミナー概要
＊各セクションのタイトル（所要時間）

　この指示出しに対して返ってきたのが以下の文面である。

●プレビュー
セミナータイトル：Windows 11でビジネスを加速させる方法
日時：2023年9月15日（金）14:00〜16:00
場所：ITイノベーションハブ株式会社本社3階セミナールーム

セミナー概要：
Windows 11は、Windows 10の後継として、2021年10月にリリースされた最新のオペレーティングシステムです。Windows 11は、デザインやパフォーマンス、セキュリティー、生産性など、多方面で改善されています。このセミナーでは、Windows 11の主な特徴やメリットを紹介し、Windows 10からの移行方法や注意点を解説します。Windows 11を導入することで、ビジネスをより効率的かつ安全に行うことができます。情報システム部門の方はもちろん、経営層や一般社員の方もぜひご参加ください。

各セクションのタイトル（所要時間）：
1.Windows 11の概要と特徴（30分）
2.Windows 11のメリットと導入事例（30分）
3.Windows 10からの移行方法と注意点（30分）
4.質疑応答（30分）

こちらは「プロフェッショナル」なトーンで作成を依頼した

　Bing Chatは、こうしたコンテンツ作りやアイデア出しなど、様々な用途が可能だ。例えば、「プレゼンテーションの資料作りを手伝ってもらう」「プロジェクトのアクションアイテムをリストする」「商品のブログを考えさせる」など、自分の仕事で効率化を図れるタスクは、どんどんBing Chatを利用してみてほしい。

　しかし多くの企業で、生成AIに情報を入力することに懸念を持っているかもしれない。入力され蓄積された学習データが、今後の回答データを生成する際の情報として利用される可能性があるためだ。これではもし入力した機密情報が他人の回答に使用されてしまうと、そこから情報が外部に漏れてしまう恐れがある。
　実際、2023年5月、韓国のサムスン電子で、社員がChatGPTに入力した機密情報が流出する事案が発生した。これを受けて同社は、生成AIの使用を原則禁止にした。

　マイクロソフトでは、企業の自社データが保護する「Bing Chat Enterprise」を提供している。

　Bing Chat Enterpriseの利用には、Microsoft 365のログインで利用する組織アカウントが必要となる。組織アカウントは、マイクロソフトのクラウドサービス（Azure,Office Professional Plusなど）を利用するときのアカウントである。例えばOfficeへのログインに利用するメールアドレス（akai@bigchat.enterprise.netといったアドレス）が組織アカウントだ。

　簡略化して説明すると、bigchat.enterpise.netをテナントという。テナントは一般的に、オフィスビルやショッピングモールなどと賃貸契約して入居する企業や店舗のことを指すが、ここでいうテナントは、

マイクロソフトのクラウドサービスで管理するユーザーやPC、アプリケーションをまとめたグループのようなもので、1企業が1つ以上のテナントを持つことが多い。

　Bing Chat Enterpriseでは、社員が入力した情報（入力および結果）は、企業が契約するテナント内で保護され、マイクロソフトは、それらの情報を参照することも、外部に提供することもない。

　Bing Chat Enterpriseは、Microsoft 365 E3, E5, Business Standard および Business Premium のサブスクリプションに含まれている。また、Microsoft 365 Education A3/A5 を利用できる教職員も無償で利用できる。単独で利用する場合は、ユーザーあたり月額5米ドルで提供される予定だ。

2 画像自動生成で働き方をクリエイティブにする

　ChatGPT以前から話題になっていたのが画像生成AIだ。イラストや画像をプロンプトの指示を利用してつくれる画像生成AIを利用すると、PowerPointやWordで作成したドキュメントに、インパクトのある画像や効果的なカットを入れて、効果を高めることができる。

　Bingでは、OpenAIが開発した画像生成AI「DALL-E」を利用したBing Image Creatorを提供している。利用するには、Bing Chatと同様に右タスクバーから「お絵かき」アイコンをクリックすると立ち上がる（図左）。また、Bing Chat にアクセスしても起動できる。チームミーティングで利用するプレゼンテーション資料を作成するとしよう。目標を達成することが重要というイメージを伝えるため、「野球チームで目標を達成して、喜んでいる場面を作成してください」とプロンプト入力する（図右）

　通常、候補は4つ作成される。その中から気に入った画像をダウンロードして、PowerPointなどに貼り付ければよい。作成した画像が気に入らない場合は、状況や対象人物などの説明を入力すると、イメージにより近い候補画像が得られる。

　先ほど作成した画像は人が1人でチームワーク感がなかったので、複数のメンバーと楽しんでいる風景にしたいとする。「野球チームで、目標を達成し、チームメンバーと乾杯している」と入力してみよう。すると次の4つの画像が作成された。チームミーティングで使うPowerPointの表紙に、Image Creatorで作成したこの画像を使ってみよう。

イメージに近い画像が生成されたら資料に貼り込む。画像を加えるだけでだいぶ印象が変化する

　プロンプト入力は、英語でも日本語でもOK。ただし精度でいえば、日本語で書いたプロンプトを英文に翻訳して、英語で指示した方がうまく作成できた場合が多かった。作成に費用はかからないので、色々試してみてクセをつかんでほしい。

　Bing Image Creatorで作成した画像は、「オンラインサービス以外の場所で、個人の合法的な非商業的目的のために作成物を使用できる」という規約があるので注意してほしい。

　なお、一般消費者向けのMicrosoft 365アプリとなるが、同じテクノロジーを利用したMicrosoft Designerを活用しても、画像生成を実行できる。

■3 Copilot in Windowsで働き方を快適にする

　本書を手に取った人でWindowsPCを使わずに仕事をしている人は
ほとんどいないだろう。それほど身近な存在であるWindowsであるが、
WindowsもまたAIを搭載し、新世代のOSとして立ち上がろうとして
いる。Windows 11に導入されるAI機能は「Copilot in Windows」
だ。Windowsを、自然な言葉で操作できるようになる。また、Bing
Chatなどのマイクロソフトが提供するAIサービスとも連携する。

　執筆時点（2023年9月）ではまだプレビューということもあり、機
能が制限されているが、今後、様々な機能が追加される予定だ。

　Copilot in Windowsは、タスクバーのアイコン、または［Windows］
＋［C］キーのショートカットで呼び出せる。Copilot in Windows
を起動するとサイドバーに表示され、パーソナルアシスタントとして
作業を支援する。Copilot in Windowsを利用すると、Windows 11
の操作や、ドキュメントの要約や比較などができる。Bing Chatとも
連携するので、Webサイト上のテキスト要約も簡単にできる。

画面右側に表示される「Copilot in Windows」

正式版がリリースされたときに、どのようなことが可能になるか実感できるように、いくつかの機能を紹介しよう。

Windows 11の操作

　Windowsの操作をすべて記憶している人はまれだろう。たまにしか利用しない機能だと、検索やヘルプを利用して、操作確認をすることが多いはずだ。そういった操作を、プロンプトを利用してできるようになる。

　例として、ダークモードの設定をしてみよう。ダークモードは、PCやスマートフォンで実装されている機能の1つで、目の疲労を防ぎたい場合や暗い場所で使用する場合の輝度の抑制などを目的にしている。ダークモードを通常の方法で設定する方法は下図のようになる。

「スタート」ボタンをクリック→「設定」アイコンをクリック→「個人用設定」をクリック→「色」メニューを選択→「モードを選ぶ」メニューから、「ダーク」を選択すると、ダークモードになる

　では、ダークモードをCopilot in Windowsで設定してみる。

Copilot in Windowsプロンプトに「ダークモードに変更して」と入力→ダークモードを有効にするかを確認するメニューで「はい」をクリック→ダークモードが設定される

　上図3点のように設定画面の深い階層をたどらずに、すぐにやりたいことを実現できる。

　ほかにも、画面キャプチャーを取得したり、一定時間集中するためにポップアップ通知をオフにする「フォーカスタイム」を設定したりといった作業をCopilot in Windowsを通じて実施できる。

　このような機能が今後拡張されれば、社内のヘルプデスクに問い合わせたり、ネット検索で調べたりすることも少なくなるだろう。経営者目線で見てもコスト削減効果は高い。

ドキュメントの要約

「1時間後の打ち合わせまでに、資料に目を通しておいてくれ」といきなり上司から指示が——。そんなときにお薦めなのが、Copilot in Windowsを利用したドキュメントの要約機能だ。

Copilot in Windowsに目を通す必要があるPDFファイルをドロップして、「要約してほしい」と依頼するだけだ。例として、内閣府の「新しい資本主義実現会議」で基礎資料として配布された資料を要約してみよう（2022年5月）。

手元にある基礎資料をCopilot in Windowsのプロンプトにドロップし、「この資料を要約してください」と入力すると要約が作成される

Webページの要約

打ち合わせ先の企業情報を事前に調べることもよくあるタスクだ。そんなときはCopilot in Windowsを利用したてWebページの要約機能が便利だ。「日経BP Marketing Awards 2023」ページを要約してみる。

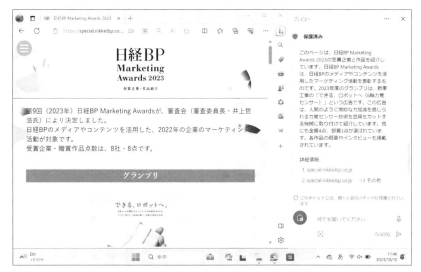

URLをコピーしてCopilot in Windowsに貼り付ける→「選択したテキストまたはコピーしたテキストをチャットに送信しますか？」というポップアップ表示で「送信」をクリック→「説明する」「修正する」「拡張する」の選択メニューから「説明する」を選ぶ→チャット欄にページの要約が表示される

　　Copilot in WindowsはOpenAIのChatGPTプラグインと相互運用性があるため、Copilot in Windowsユーザーはプラグインによって拡張される様々な機能を利用できる予定だ。

　　ChatGPTプラグインとは、ChatGPTの機能を拡張するための追加モジュールである。プラグインはChatGPTのチャットモードに統合されており、ユーザーは特別なコマンドや記号を使わずにプラグインを呼び出せる。これによって、従来ChatGPT単体ではできなかった処理が可能になる。例えば、予約・ショッピング機能を持つプラグインの導入によって旅券やレストランの予約ができるようになる。
　　今後は、Copilot in WindowsにChatGPTプラグインを追加することによって、さらに仕事で利用できる機能が拡張されることになるだろう。

4 Microsoft 365 オフィス製品で 働き方を最適化する

「明日のレビューミーティングまでに、売り上げデータの要点をまとめてほしい」「今週中に急ぎで新製品のプレゼン資料をつくって」といった、ややむちゃ振りな依頼をされることもあるだろう。

こんなときに活躍が期待されるのが、「Microsoft 365 Copilot」だ（もちろん、急ぎでないときも活用したい機能が多い）。

Microsoft 365 Copilotは、おそらく一連のマイクロソフトのAIソリューションの中で最も大きな反響を集めていると思われる。

Microsoft 365 Copilotは、OpenAIのGPT-4をベースにした大規模言語モデル（LLM：Large Language Model）、Microsoft Graph（Microsoft 365の様々なファイルやメッセージ、スケジュール、アカウント、ユーザーのアクティビティなどのデータにアクセスできるアプリケーションインターフェース）をTeams、Word、Excel、PowerPoint、OutlookなどのOfficeアプリケーションに組み込み、生産性や効率化を向上させるためのAIアシスタント機能である。Microsoft 365 Copilotは、資料作成や社内のスケジュール調整、業務報告など普段行っている業務を、AIを使用して支援する。

●Excel利用時

Copilotはユーザーと協力しながら、データを分析し、掘り下げていくことになる。例えば、流通チャネル別に売上高の内訳を割り出し、表にまとめ直し、季節変動制を予測した上で、理解しやすくするグラフを生成するといったことができる。現状で分析だけでなく、予測モデルを作成する支援もできるため、事業分析には役に立つだろう。

●PowerPoint利用時

　Copilotはユーザーのアイデアを説得力のあるプレゼンテーションに仕上げる支援をする。例えば、事前に準備したWordの文書に基づいて、5ページ分のプレゼンテーション作成が可能だ。グラフィカルでない場合は、内容に合わせて適した画像を自動的に挿入してくれる。

●Word利用時

　Copilotはユーザーと一緒に編集、要約、執筆を行う。議事録や過去の提案書、Excelファイルのデータを活用して、プロジェクトの提案書のたたき台を作成するといったことができる。

●Teams利用時

　Copilotが会議の議事録の作成や次のアクションの整理を支援する

　では、どのような動作になるかを、マイクロソフトの発表に従って紹介しよう。

※Microsoft 365 Copilot は、2023年11 月1日から企業ユーザー向けに提供される予定

●Excelの場合

　Excelで財務分析や売上分析をする企業は多いが、大量のデータからすぐに洞察を得ることは難しい。特に、分析作業に慣れていないビジネスパーソンは、どこから始めたらいいのか分からないはず。Copilotはユーザーと協力しながらデータを分析し、掘り下げていくことが可能だ。公式サイトにある解説動画から、どのような動作になるかを見ていこう。[*10]

　過去の売り上げデータ、製造コスト、実売価格、粗利などのデータから、製品の売り上げの傾向について3つのトレンドでの分析を指示した。その結果が表示されている。

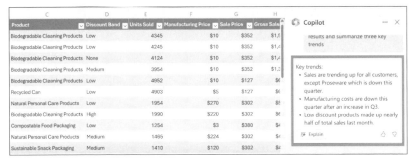

キートレンドとして3点を表示

・売り上げはすべての顧客セグメントで上昇傾向であるが、1製品群
　（Proseware）のみ、この四半期では売り上げが下がっている。
・製造コストは、第3四半期に増加したあと、この四半期では下がった。
・値引き率の低い製品が先月の売り上げのほぼ半数になった。

　売り上げの落ちたProsewarをさらに掘り下げるよう指示すると、自
動的にグラフを作成する。

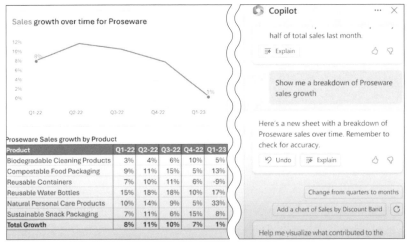

指定のプロダクトのセールス推移をグラフ化

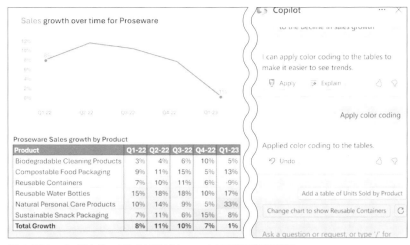

「Q1-23」の「-9%」がハイライト表示され、マイナス要因が浮き彫りに

　さらにWhat-ifシナリオ分析で（Reusable Containers製品が前四半期と同じ成長率6%を維持したらどうなったか）予測させると、モデル化を行い、Copilotは実際の1%の成長ではなく9%の成長になっていたと回答している。

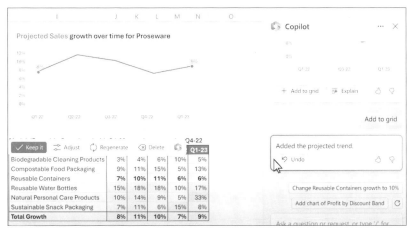

仮定の状況を基にした推移予測も可能

●PowerPointの場合

　スライド作成でのAI革命はさらに劇的だ。例えば、上司から、「明日のミーティングでこの間の提案書について、プレゼンテーションしてほしい」と急に指示が来たとする（筆者の会社員時代には、海外からのビジター対応などを含めて、こういった依頼はよくあった）。

　提案書が、Word形式で作成されていた場合、プレゼンテーション時間に合わせて、PowerPointファイルを作成するのは、手間がかかる。ファイルを作成できたとしても、画像など見栄えが悪く、文字ばかりだと、説得力も欠けることになる。こういったときに、お薦めなのが、PowerPointに搭載されるCopilot機能だ。

　公式サイトにある動画から、どのような動作になるかを見ていこう。[11]

マイクロソフトYouTubeチャンネルに解説動画がある

　流れは以下のようになる。

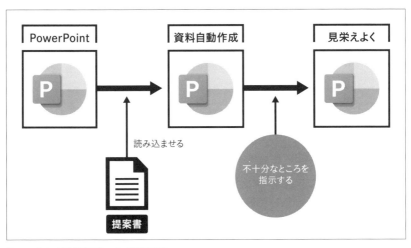

PowerPointに搭載のCopilot活用手順

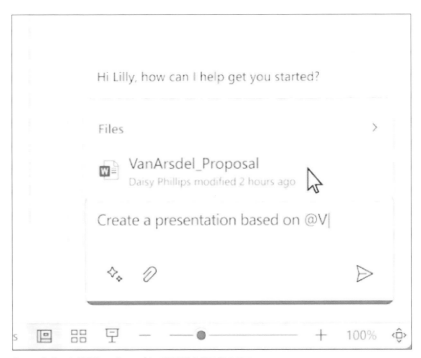

PowerPointを起動後、プロンプトで提案書を読み込ませる

内容に沿って、プレゼンテーション資料の作成を指示する

見栄えがよくないページに画像追加を指示

見栄えのよい資料が完成

第5節

私たちは
どう対応すべきか？

１ 生成AIのリスクと倫理に目を向ける

　生成AIは、学習させた大量のデータをもとに、文章や画像、音楽などを生成する。成果物をビジネスに利用するときには、様々なリスクと倫理的な課題が伴う。例えば、以下のようなものが挙げられる。

知的財産権の侵害:

　生成AIが登場してからまだそれほど時間が経過していない。成果物の使用に対しては、生成AIだからという法律は策定されていない。すでに、米国では生成AIのサービスを提供する企業に対する著作権等の侵害訴訟が起こされている。インターネットのデータを学習して、著作物を作成することはフェアユースの範囲であると主張する人もいれば、そうではないと主張する人もいる。今後数年単位で法的な位置づけがはっきりとすることだろう。

　それまでは、既存の制定されている法律をどう解釈すべきかがポイントとなる。

　文化庁では、AIと著作権について、次のように説明している。[*12]

「AIを利用して画像等を生成した場合でも、著作権侵害となるか否かは、人がAIを利用せず絵を描いた場合などの、通常の場合と同様に判断されます。AI生成物に、既存の著作物との「類似性」又は「依拠

性」が認められない場合、既存の著作物の著作権侵害とはならず、著作権法上は著作権者の許諾なく利用することが可能です。これに対して、既存の著作物との「類似性」及び「依拠性」が認められる場合、そのようなAI生成物を利用する行為は、①権利者から利用許諾を得ている②許諾が不要な権利制限規定が適用される……のいずれかに該当しない限り、著作権侵害となります。」

プライバシーの侵害:

　AIは大量のデータを収集・分析することで、人間の行動や嗜好、感情などを予測したり、操作したりすることができる。しかし、このデータは個人のプライバシーに関わるものであり、不正なアクセスや流出、悪用などによって人間の尊厳や自由が侵害される可能性がある。

　昨今の急速な生成AIサービスの拡大を背景にして、内閣府の個人情報保護委員会は、生成AIサービスの利用に関する注意喚起を行っている。まず利用目的の範囲内で利用することなどを求めている。[*13]

　企業で生成AIを利用する場合は、一読をお薦めしたい。

責任の所在:

　AIは人間に代わって判断や行動をすることができる一方で、その結果によって発生する損害や問題に対して、通常誰が責任を負うべきかは明確ではない。そして、AIは自律的に学習や進化をすることもあり、その内部のロジックや意思は人間にとって不透明であることも多いことも事実である。

　マイクロソフトでは、「責任あるAIの基本原則」定義し、サービスを提供している。

●マイクロソフトの「責任あるAIの基本原則」

公平性：AIシステムはすべての人を公平に扱う必要があります
信頼性と安全性：AIシステムは信頼でき安全に実行する必要があります
プライバシーとセキュリティー：AIシステムは安全であり、プライバシーを尊重する必要があります
包括性：AIシステムはあらゆる人に力を与え、人々を結びつける必要があります
透明性：AIシステムは理解しやすい必要があります
アカウンタビリティー：AIシステムにはアカウンタビリティーが必要です

　マイクロソフトは、AIの研究、開発、導入において人を中心にして取り組むことで、この原則を順守し、あらゆる人に持続的でポジティブなインパクトを与えることを目指しているという。

　この責任あるAIの基本原則に基づき、2023年9月7日、マイクロソフトは、生成AIの出力を使用した際の知的財産権侵害のリスクを懸念している顧客に対して、Microsoft 365 Copilot、Copilot in Windows、Bing Chat Enterprise、GitHub CopilotなどのCopilotまたはCopilotが生成する出力結果で、顧客が著作権を侵害したとして訴えられた場合、顧客を弁護し、賠償金を支払う結果になった場合には肩代わりすることを発表（Copilot Copyright Commitment）している。

　以上のように、AIは人間社会に多大な影響を与える技術であるが、そのリスクと倫理的な課題に対しては十分な議論や対策が必要である。AIは人間のために存在するものであり、人間の尊重や幸福を最優先すべきと考える。

2 生成AIのスキルと教育に投資する

　生成AIのスキルと教育に投資することは、現代のビジネスにとって重要な戦略である。これは、企業視点だけでなく、ビジネスパーソン自身から見ても重要だ。

　生成AIは、データ分析、自動化、最適化など、多くの業務プロセスを改善する能力を持っている。しかし、生成AIを効果的に活用するには、適切なスキルと学習が必要となる。

　経営者は、AIのスキルと教育に投資することが、ビジネスの競争力や成長性を向上させることにも貢献することをぜひ理解してほしい。また、ビジネスパーソンは、自身のAIのスキルと教育に投資することが、自己のキャリア形成にも大きな価値を生み出すことを理解してほしい。

*1　Frey,C.B.,&Osborne,M.A.(2013)
　　THE FUTURE OF EMPLOYMENT: HOW SUSCEPTIBLE ARE JOBS TO COMPUTERISATION?

*2　「日本の労働人口の49%が人工知能やロボット等で代替可能に」(野村総合研究所,2015)
　　https://www.nri.com/-/media/Corporate/jp/Files/PDF/news/newsrelease/cc/2015/151202_1.pdf

*3　「Automation and Independent Work in a Digital Economy」(OECD,2016)
　　https://www.oecd.org/employment/emp/Policy%20brief%20-%20Automation%20and%20Independent%20Work%20in%20a%20Digital%20Economy.pdf

*4　「Generative AI likely to augment rather than destroy jobs」(ILO,2023)
　　https://www.ilo.org/global/about-the-ilo/newsroom/news/WCMS_890740/lang--en/index.htm

*5　「AIと日本の雇用」(岩本晃一, 2019)
　　https://www.rieti.go.jp/jp/special/special_report/102.html

*6　「The Work of the Future: Building Better Jobs in an Age of Intelligent Machines」(DAVID AUTOR, DAVID MINDELL, ELISABETH REYNOLDS.2020.)
　　https://workofthefuture.mit.edu/research-post/the-work-of-the-future-building-better-jobs-in-an-age-of-intelligent-machines/

*7　「経済白書」(2018)
https://www5.cao.go.jp/j-j/wp/wp-je18/h2-01.html#h020101

*8　AIは働き方を改修してくれるのか?(Microsoft,2023)
https://news.microsoft.com/ja-jp/features/230510-work-trend-index-will-ai-fix-work/

*9　「Prompt Engineering Guide」公式日本語サイト
https://www.promptingguide.ai/jp

*10　YouTube「Microsoft 365 Copilot in Excel」
https://www.youtube.com/watch?v=I-waFp6rLc0

*11　YouTube「Microsoft 365 Copilot in PowerPoint」
https://www.youtube.com/watch?v=fzoZ_f7ji5Q

*12　文化庁:令和5年度著作権セミナー「AIと著作権」の講演資料
https://www.bunka.go.jp/seisaku/chosakuken/93903601.html

*13　生成AIサービスの利用に関する注意喚起等について(令和5年6月2日)
https://www.ppc.go.jp/news/press/2023/230602kouhou/

COLUMN

対話型検索内での検索エコシステム

　さらなるユーザー数の増加が期待される生成AI業界であるが、今後の発展には新製品投入だけではなく、コアユーザー育成やサードパーティー企業の参画など、エコシステムの成熟が必須となる。

　本稿では、New Bingのエコシステムを活用した事業展開例を2つ紹介する。

　現在、マイクロソフトの検索にて、Microsoft Rewardsと呼ばれるポイントプログラムがあるのをご存じだろうか。Bing Chatに対してユーザーが入力を行うと、入力内容に対する回答を返すとともに、広告を表示している。
　Microsoft Rewardsは、広告収入を原資に、ユーザーが検索するごとに様々なサービスや提携ポイントと交換可能なポイントを付与するロイヤリティープログラムである。

Microsoft Rewardsのトップページ

　Microsoft Rewardsでは、検索やチャットを使えば使うほどポイントが貯まる。先月貯まったポイント数を基にユーザーのレベルが決定し、利用が多いユーザーほど、より多くのポイントが貯まる仕組みとなっている。

　検索、チャットだけでなく、デイリーミッションをクリアしたり、期間限定のキャンペーンタスクをクリアすることで、さらにポイントを貯めることができる。このように検索やチャットを使えば使うほどポイントを稼ぐことができ、もっと検索やチャットをしたくなるゲーミフィケーションの仕組みを提供している。

　Microsoft Rewardsで貯めたポイントは、他社のポイントプログラムと同様に、連携先企業のポイントと交換できる。また、音楽視聴サービスの3カ月利用権などのサービスとも交換が可能である。このような仕組みによって、ユーザーにとってMicrosoft Rewardsは、検索やチャットを使用する高いインセンティブになっている。

	レベル 1	レベル 2	レベル 2 + Xbox Game Pass Ultimate
	参加するだけで自動的にレベル 1 になります	毎月少なくとも 500 ポイントを獲得	毎月 500 ポイントを獲得し、さらに Xbox Game Pass Ultimate サブスクリプションに登録

学習方法	レベル 1	レベル 2	レベル 2 + Xbox Game Pass Ultimate
Bing を使った PC 検索	検索ごとに 3 ポイント 1 日最大 30 ポイント	検索ごとに 3 ポイント 1 日最大 90 ポイント	検索ごとに 3 ポイント 1 日最大 90 ポイント
Bing を使ったモバイルでの検索	検索ごとに 3 ポイント 1 日最大 ポイント	検索ごとに 3 ポイント 1 日最大 60 ポイント	検索ごとに 3 ポイント 1 日最大 60 ポイント
Microsoft Edge での Bing を使った検索	1 日あたり追加で 3 ポイント	1 日あたり追加で 12 ポイント	1 日あたり追加で 12 ポイント
Microsoft Store でオンライン ショッピング	1 ドル使うごとに 1 ポイント	1 ドル使うごとに 10 ポイント	1 ドル使うごとに 20 ポイント

ポイントの貯め方

Microsoft Rewardsと提携する企業側のメリットは何か。主に3つ
ある。1つ目は、Microsoft Rewardsと自社のサービスとの連携はビ
ジネスチャンスであること。Microsoft Rewards、検索・チャットを
使うユーザーをターゲット層と捉え、ブランド認知向上のために、一
種の広告事業として連携する企業が多数存在する。これは、マイクロ
ソフトが抱える膨大なユーザー数と、生成AIによるユーザー数増加へ
の期待の表れと言える。

　2つ目は、ポイント連携による手数料収益の獲得である。自社でポ
イントプログラムを運営し、Microsoft Rewardsと連携している企
業は、ポイント交換の手数料で利益を得られる。手数料収入を求めな
くとも、前述の広告効果だけでも十分と考える企業もあるが、手数料
収益を求める企業のほうが多い。

　3つ目は、チャット内のプラグイン機能である。現在、ChatGPT・
Bing Chat内においてサードパーティー企業が開発したプラグインを
活用できる機能が発表されている。ユーザーはサードパーティー企業
が作成したプラグインをインストールすることによって、特定のサー
ビスへChatGPT・Bing Chat内から直接アクセスできるようになる。

　ここでは、プラグイン機能の活用例として、米国の不動産サービス
Zillowの例を挙げる。Bing Chatのユーザーが、Zillowのプラグイン
をオンにして、不動産情報をBing Chat内で検索すると、Zillowのサ
イト内の不動産情報をチャット形式で回答する。Bing Chatだけでは
十分に回答しきれない質問についても、Zillowからの不動産情報を加
えることでユーザー満足度の高い回答ができる。

不動産サービスZillowのプラグインの例

　また、米国のショッピングサービスInstacartのプラグイン例だと、チャットの画面からショッピングカートに物品を追加して、購入手続きを進めることができる。ユーザーは対話形式で、商品を購入できる。Bing Chat自体はショッピング機能を提供していないが、InstaCartのプラグインを活用することで、ショッピング機能をアドオンできる。

ショッピングサービスInstacartのプラグインの例

マイクロソフトからの視点で考えると、これらのサードパーティー機能は、マイクロソフトが主導的に開発しなくても次々と追加されていく。その結果、Bing Chatの利便性は飛躍的に高まり、さらなるユーザーの獲得につながっていく。サードパーティー企業は、Bing Chatのエコシステムに機能を提供するだけで、膨大なユーザーを獲得できるだけでなく、私たちが普段よく行っている検索体験に自社サービスを巻き込んでいくことができる。まさにエコシステムの真価である相乗効果が生まれるのである。

　今後、チャット検索のさらなる需要の拡大が見込まれるため、このようなチャット事業のエコシステムを用いたビジネス展開が加速していくと考えられる。エコシステムの成熟こそ、ユーザーから長く愛される製品への道筋なのである。

第 **2** 章

AIによる
マーケティングの
劇的な進化

AIの進歩による
人々のネット行動の変化

■1 チャット型検索の活用

従来の検索とチャット型検索の違い

　2023年3月、GPT-4を搭載したChatGPTのリリースによって生成AIへの注目が高まった。このタイミングでAIの進化を意識した人も多いだろう。従来のWeb検索はキーワード単位だったが、Bing Chatをはじめとするチャット型検索が急速に進歩を遂げたことで、情報収集や検索の方法が変わってきた。

　従来の検索は、キーワードを入力して検索し、そのキーワードに一致する情報が表示されるものだった。この方法では、検索結果がユーザーの求めていた答えに必ずしも一致しているとは限らない。検索結果が膨大なため、ユーザーが欲しい情報を見つけ出すのに時間を要する場合もある。

　それがチャット型検索では、文章で指示することで、システムがユーザーのニーズをより正確に理解できるようになった。ユーザーはニーズに合った回答、情報をより簡単に、効率的に得られる。しかしながら、ユーザーの指示の出し方によって回答は変化する。ユーザーとコミュニケーションを取りながら、ユーザーのニーズをくみ取り、これまでのチャットの内容を踏まえて情報を提供するため、ユーザーに

よって得られる情報に違いが生じる。つまりユーザーはより自分に合った回答を得やすくなっていく。

マイクロソフトのチャット型検索「Bing Chat」

ではここで具体例として、代表的なチャット型検索の一つである「Bing Chat」を用いて話を進めよう。

AIを搭載したBing Chatは、関連するコンテンツの情報をまとめて文章で回答し、検索結果に関連するリンクのリストも提示してくれる。ユーザーは、参照リンクや出典情報の確認が可能だ。

例えば、Bing Chatで「卵不使用のケーキのレシピを教えてください」と尋ねると、下図のようにレシピの情報をまとめて検索結果として表示し、参照サイトのリンクも載せてくれる。

従来の検索では、検索結果の画面からWebサイトを開き、その中からレシピが記載されている箇所を探す必要があったが、Bing Chatでは一度の検索で完結させることも可能だ。

✓　「卵不使用のケーキのレシピ」を検索しています

✓　回答を生成しています...

卵不使用のケーキのレシピは、いろいろな種類があります。例えば、以下のようなものがあります。

- ローチョコケーキ：クリームチーズとチョコレートを使って、濃厚なケーキを作ります。ゼラチンで固めるので、卵は必要ありません。レシピはこちらです。
- 米粉パンケーキ：米粉とベーキングパウダーでふわっとしたパンケーキを作ります。卵や乳製品も使わないので、アレルギーにも優しいです。レシピはこちらです。
- ティラミス：卵を使わないティラミスも作れます。豆乳とコーヒーでぬらしたビスケットに、豆乳とココアで作ったクリームを重ねて冷やすだけです。レシピはこちらです。

他にも、ココアケーキやフルーツケーキなど、卵不使用のケーキのレシピはたくさんあります。お好みのものを探してみてくださいね。

詳細情報：　1. recipe.rakuten.co.jp　2. recipe.rakuten.co.jp　3. recipe.rakuten.co.jp　+3 その他　　　1/30 ●

Bing Chatで「卵不使用のケーキのレシピを教えてください」と質問した結果

またBing Chatでは単に検索結果を得るだけではなく、ユーザーに代わってコンテンツを生成できる。例えばメールのひな型や旅程表、画像の作成などが該当する。

日程調整のメールのひな形は、以下のようになります。

件名：【件名】についての日程調整のご相談

本文：【相手の会社名】【相手の部署名】【相手の氏名】様

お世話になっております。【自分の会社名】【自分の部署名】【自分の氏名】と申します。

この度は【メールを送るきっかけや経緯】につきまして、ありがとうございます。

【メールを送る目的や内容】について、詳しくお話しできればと思います。可能でしたら、貴社に伺い、【面談時間】ほどお時間を頂戴できればと存じます。

つきましては、以下日程にてご都合のよろしい日時をご連絡いただけますでしょうか。

・【候補日1】 ・【候補日2】 ・【候補日3】

上記日程以外でも調整可能ですので、ご都合が合わなければ遠慮なくお申し付けください。

お忙しいところ恐縮ですが、ご検討の程よろしくお願いいたします。

詳細情報： 1. bing.com　 2. mailwise.cybozu.co.jp　 3. library.musubu.in　 +3 その他　　 1 / 30 ●

メールのひな型を提示するように指示した場合

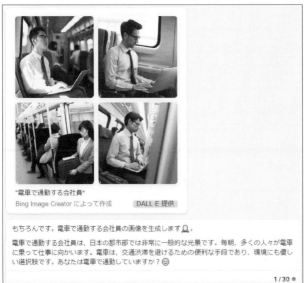

"電車で通勤する会社員"
Bing Image Creator によって作成　　DALL E 提供

もちろんです。電車で通勤する会社員の画像を生成します🧑‍💻。

電車で通勤する会社員は、日本の都市部では非常に一般的な光景です。毎朝、多くの人々が電車に乗って仕事に向かいます。電車は、交通渋滞を避けるための便利な手段であり、環境にも優しい選択肢です。あなたは電車で通勤していますか？😊

1 / 30 ●

「電車で通勤する会社員」の画像生成を指示した場合

　チャット型AIといえば冒頭で触れたChatGPTがよく知られているが、マイクロソフトはChatGPTの提供元であるOpenAIとパートナー関係にある。この関係から、Bing ChatにはChatGPTと同じ大規模言語モデルであるGPT-4が搭載されている。GPT-4を搭載したChatGPTのリリースが2023年3月だが、同月にはBing ChatにGPT-4を搭載していることが発表された。これは驚異的なスピードだ。

　Bing Chatは、GPT-4に蓄えられているテキストデータや画像、音楽、動画など膨大なデータとBingの持つ検索技術を組み合わせることで「検索×コミュニケーション」による相乗効果を発揮し、ユーザーによりよい検索体験を提供している。

　Bing ChatとChatGPTの違いは次の通りだ。

	Bing Chat	ChatGPT
出典の確認	記載あり	記載なし
費用	GPT-4が無料で使用可能	GPT-4の使用には有料プランの登録が必要
参照となるデータ	検索技術を用いているため最新情報を含めたチャットが可能	GPT-4は2022年1月までGPT-3.5は2021年9月まで
画像生成機能	生成可能(Bing Image Creatorで生成される)	生成不可
プラグイン機能	なし	有料プランに限りプラグインに対応
利用制限(回数制限)	1日300回まで使用可能	有料プランでは3時間ごとに50回、1日最大400回

※2023年10月10日時点

Bing Chatでの検索体験

　続いてBing Chatではユーザーがどのような検索体験ができるかについて説明していく。

　現在、Bing Chatでは3種類の会話のスタイルが選択できる。

「より創造的に」→オリジナルで創造力に富んだチャット
「よりバランスよく」→情報豊富で親しみやすいチャット
「より厳密に」→簡潔で単刀直入なチャット

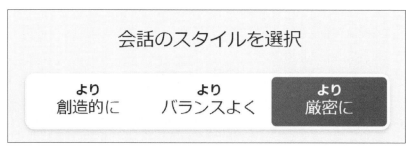

会話のスタイルは3パターン

　この会話のスタイルも自分の求める回答がどのようなものなのかに応じて選択することで、ニーズに合った回答を得やすくなるだろう。

　試しに「Bing Chatと従来のBingの違いを教えてください」とそれぞれのスタイルで指示したところ、回答は以下の通りとなった。

Bing Chatと従来のBingの違いを教えてくださいね。Bing Chatは、Microsoftが開発したAIチャットボットで、Bingの検索技術を利用して、ユーザーの質問や要望に応えることができます。従来のBingは、キーワードを入力して検索すると、ウェブページや画像などのリンクが表示されるだけでしたが、Bing Chatでは、会話形式で検索できるようになりました。また、Bing Chatは、テキストだけでなく、画像や動画なども生成することができます。例えば、「ドラゴンの絵を描いて」と言うと、ドラゴンの絵を描いてくれます。Bing Chatは、回答内容のレベルを「より創造的に」、「よりバランスよく」、「より厳密に」と3段階から調整することができるので、一つの質問や要望で複数の回答が得られることもあります。Bing Chatは、最新の情報へのアクセスが可能なので、ニュースや天気予報などにも役立ちます。また、歴史や科学などの知識も豊富に持っているので、勉強にも使えます。Bing Chatは、英語や日本語など複数の言語に対応しているので、英語学習にも使えます。Bing Chatは、Microsoft Edgeのブラウザに搭載されていますが、今後はChromeやSafariでも使えるようになる予定です [1] [2]。Bing Chatは、従来のBingよりも多機能で便利なチャットボットです。ぜひお試しください。

詳細情報:　1. cocohore.com　2. weblab.co.jp　3. digital-hacks.jp　4. note.com　　　　1 / 30 ●

会話スタイル「より創造的に」の場合

Bing Chatは、従来のBing検索エンジンにAIチャット機能が追加されたものです [1]。以下に、Bing Chatと従来のBingの違いをまとめました。

1. **会話のまま検索**: Bing Chatでは、キーワードを指定せずに自然な会話形式で検索することができます。例えば、「東京から大阪への行き方は？」と尋ねると、直接的な回答が表示されます [1] [2]。

2. **クリエイティブな検索**: Bing Chatでは、クリエイティブな検索が可能です。例えば、ビジネスアイデアや英語のイディオムを尋ねると、複数のアイディアやイディオムが提案されます [1] [2]。

3. **最新情報へのアクセス**: Bing Chatはインターネットにアクセスし、常に最新の情報を提供します [1] [2]。

4. **人間らしい返答**: Bing Chatは、人間らしい返答ができるように設計されています。最新の言語モデルGPT-4を使用しており、人間が書いた文章から学習したAIです [1]。

以上がBing Chatと従来のBingの主な違いです。Bing Chatは英語学習や情報検索に役立つ便利なツールです [1]。

[1]:詳細はこちら　[2]:詳細はこちら

詳細情報:　1. cocohore.com　2. digital-hacks.jp　3. note.com　4. weblab.co.jp　　　　1 / 30 ●

会話スタイル「よりバランスよく」の場合

Bing Chatと従来のBingは、ユーザーが情報を取得するための2つの異なる方法です。

従来のBingは、ウェブ検索エンジンとして機能します。ユーザーは検索ボックスにキーワードやフレーズを入力し、Bingは関連するウェブページ、ニュース、画像などのリストを提供します。これは、ユーザーが自分で情報を探し、解釈するのに役立ちます。

一方、**Bing Chat**は、ユーザーと対話的にコミュニケーションを取ることができるチャットベースのインターフェースです。ユーザーは質問や要求を投稿し、私（Bing Chat）はそれに対して直接的な回答や情報を提供します。私はまた、ユーザーが求めている情報を理解し、それに対応するためにウェブ検索を行う能力も持っています。さらに、私は物語を作成したり、詩を書いたり、コードを生成したりといった創造的なタスクもこなすことができます。

これら2つの方法は、それぞれ異なる利点と用途があります。従来のBingは広範な検索結果を提供し、ユーザーが自分で情報を探すのに適しています。一方、Bing Chatはより直接的でパーソナライズされた情報提供を可能にし、特定の質問や要求に対する具体的な回答を提供します。

会話スタイル「より厳密に」の場合

「より創造的に」の回答は、機械らしさが抑えられ、人間らしさがところどころ見受けられる。

「より厳密に」の回答は、「創造的」と比べて機械的な回答に感じられる。「よりバランスよく」では、この指示においてはどちらかといえば「厳密」寄りに感じるが、両者の「中間」を目指していることが分かる。

このように選ぶ会話スタイルによって、内容は大きくは変わらないものの、回答の仕方が変わる。

また、今後はBingがOpenAIのDALL.E 3をサポートしたことにより、ユーザーの検索履歴に基づいて、よりパーソナライズされた回答を提供するようになる。

検索結果がパーソナライズされるということは、広告も今まで以上にユーザーのニーズに合わせて表示させることが可能になる。ユーザーとコミュニケーションを取りながらニーズをくみ取るため、適切な広告を適切なタイミングで、チャットの中に溶け込んだ形で配信できるようになると考えられる。

例えば、「東京都内での観光」について調べる場合、従来の検索では、都内のあらゆる観光スポットに関連する広告と検索結果が表示され、その中から自身の興味のあるものを選んでクリックしていた。

これがチャット型検索では、ユーザーは指示を通して自分の知りたい情報を細かくシステムに伝えることができる。システム側は、コミュニケーションの中でニーズをくみ取り、ユーザーへ情報を返すことから、そのユーザーが興味を持ちそうな内容に絞り込んで広告と検索結果を表示できる。

チャット型検索であれば、付随する情報を同じチャット内で収集でき、様々な検索結果ページを開くことなく完結できる。従来の検索よりもスムーズに求めている情報にたどり着けるわけだ。

試しに、東京の観光スポットやプラン、宿泊施設について、Bing Chatで検索してみた。

東京にはたくさんの素晴らしい観光スポットがあります。ここでは、東京のおすすめ観光スポットを10個紹介します。

1. **東京スカイツリー**：高さ634mの世界一高い自立式電波塔。空に向かって伸びる大きな木をイメージした造りで、地上350mと450mに展望台があります[1]。

2. **上野動物園**：日本初の動物園として明治15（1882）年に開園。約350種2500点の動物たちを飼育展示しています[1]。

3. **サンリオピューロランド**：ハローキティやマイメロディなど、たくさんのキャラクターに会えるテーマパークです[1]。

4. **よみうりランド**：日本初の立ち乗りループコースターや最大高低差78mのバンデットなどがある遊園地です[1]。

5. **東京タワー**：高さ250mのトップデッキと150mのメインデッキからは、全方位の景色が望めます[1]。

6. **キッザニア東京**：限りなくリアルに造られた現実社会の約3分2サイズの街。こどもたちが遊びながら社会の仕組みを学べます[1]。

7. **神田祭**：東京・千代田区の「神田明神」の祭りで、毎年5月に2日間にわたって開催されます[1]。

8. **東京ドームシティ**：東京ドームを中心としてスパや遊園地、ホテルなどが集まる複合施設です[1]。

9. **秋葉原電気街**：派手な看板や店頭に流れる音楽などその迫力に圧倒されます。家電やオーディオ製品はもちろん、パソコン関連グッズも充実しています[1]。

10. **葛西臨海公園**：都立公園として最大級規模の敷地をもちます。園内には芝地が広がる汐風の広場や、ガラスドームが目印の葛西臨海水族館があります[1]。

これらはほんの一部です。東京にはまだまだたくさんの素晴らしい観光スポットがあります。ぜひ訪れてみてください😊

詳細情報： 1. ikyu.com　2. knt.co.jp　3. 4travel.jp　4. jalan.net　5. nta.co.jp　+3 その他　　1/30 ●

「東京のおすすめ観光スポットを10個教えてください」と質問した結果

東京にはたくさんの買い物に適したエリアがあります。私が以前に挙げたスポットの中では、秋葉原電気街がおすすめです。派手な看板や店頭に流れる音楽などその迫力に圧倒される場所です。家電やオーディオ製品はもちろん、パソコン関連グッズも充実しています。

他にも、新宿、渋谷、銀座などが有名な買い物スポットです。新宿には伊勢丹や高島屋などのデパートがあり、渋谷には若者向けのファッションビルがたくさんあります。銀座は高級ブランドショップが立ち並ぶエリアで、ショッピングだけでなく、グルメも楽しめます。

東京には様々な買い物スポットがありますので、ぜひ訪れてみてください😊

2/30 ●

「この中で買い物に適したスポットはどこですか？」と質問した結果

東京にはたくさんの素晴らしい宿泊場所があります。その中でも、品川区は東京観光に適した宿泊場所の一つです。品川区には、京王プレッソイン五反田や三井ガーデンホテル五反田などの宿泊施設があります。また、東京駅周辺も宿泊に適したエリアです。東京駅には多数の路線が通っており、どこに行くにも好都合です。JR東京駅直結の「東京ステーションホテル」など、東京駅周辺は高級ホテルが並びます。

これらのエリアは、東京旅行で外せないスポットに近く、交通の便も良いためおすすめです。ぜひ検討してみてください😊

3 / 30 ●

「これらの観光地を回る宿泊場所としてはどこが適していますか？」と質問した結果

東京はたくさんの素晴らしい観光スポットがあります。3日間の東京観光プランとして、以下のようなスケジュールを提案します。

1日目

- 午前中: 東京タワーに登り、都内有数の観光名所を楽しむ。
- 午後: 浅草寺に行き、台東区浅草の随一の観光スポットである「聖観音宗浅草寺」を訪れる。
- 夕方: 渋谷スクランブル交差点を見学し、東京の人ごみを体験する。

2日目

- 午前中: 上野恩賜公園に行き、都会のど真ん中にある公園を散策する。
- 午後: 新宿御苑に行き、都心にある美しい庭園を楽しむ。
- 夕方: 明治神宮に行き、原野だった場所に渋沢栄一らの民間プロジェクトで建立された神社を訪れる。

3日目

- 午前中: 東京スカイツリーに登り、世界一高い自立式電波塔からの眺めを楽しむ。
- 午後: 銀座歓楽街でショッピングを楽しむ。
- 夕方: 秋葉原で電気製品やガジェットなどの買い物をする。

このようなスケジュールであれば、東京旅行で外せないスポットを効率的に周ることができます。ぜひ参考にしてみてください😊

4 / 30 ●

「これまでの内容を踏まえて、3日間の東京観光プラン案をください」と質問した結果

　あくまでも一例ではあるが、このようにユーザーは検索結果の画面を行ったり来たりすることなく、観光スポットや買い物に適した場所、プランの提案、宿泊先の情報を得られる。宿泊施設の回答内に、観光地からの移動経路を踏まえた内容で広告を表示させれば、ユーザーの

クリック率は高まるだろう。

　また、観光プランも踏まえつつ広告を表示させることで、広告主はより質の高いユーザーのトラフィックを獲得できるだろう。例えば、夜景のきれいなスポットを調べているユーザーには「夜景のきれいなホテル 東京」と調べる前から夜景のきれいな宿泊施設を広告表示させる。コストパフォーマンスのよい観光プランを調べているユーザーには、「コスパの良いホテル 東京」と調べる前から、コスパのよい宿泊施設の広告を表示させるといったことが考えられる。ユーザーの様々なニーズをくみ取った上での広告表示となるため、ユーザーにとっても広告主にとっても不要な広告表示が減っていく。結果として、クリック率は上昇し、広告主はより効率的にユーザーを獲得できると考える。

　ユーザーが商品・サービスを購入するまでには、商品・サービスをまず認知してから興味を持ち、比較検討を経て、成約・購入に至るのが一般的だ。ここまでは、この一連のプロセスの後半部分に当たる比較検討、成約・購入に関連する内容について述べてきた。

　チャット型検索は、購入プロセスの前半に当たる認知拡大やユーザーの興味獲得でも効果が期待できる。コミュニケーションを取りながら情報収集が進むため、ブランドを身近に感じてもらいやすい効果もある。従来のキーワード検索より、ユーザーの興味に合わせた情報が提供されるため、広告が表示されたとしても興味を持ってもらいやすく、興味があることであれば記憶にも残りやすい。より適切なユーザー層で認知拡大の効果を期待できる。

　例えば、企業が就職活動中の学生向けに、認知拡大の施策を実施する場合を考えてみよう。業界でのポジション、企業規模、有休消化率、離職率など、様々な内容で検索しているユーザーに対して、すべて当

てはまる企業が広告を出すことで、就職活動者には「自分に合った企業である」というプラスの印象を持ってもらうことができる。企業にとっては、自社の認知度を高めるとともに、志望度を高くすることも望める。

チャット型検索のデメリット

　ここまでチャット型検索のよい面を述べてきたが、それをもって万能というわけではない。デメリットももちろん存在する。大きく2つ。

　1つ目は、まだチャット型AIは開発途上で、ユーザーの求める精度に達していない場合があること。例えば、米国発の生成AIは英語での指示のほうがやはり精度が高く、日本語での指示は精度が落ちることがある。具体的には、「答えられない」「間違った回答をする」「意図に沿っていない回答をする」などだ。日本語で使ったことがあるユーザーの多くは感じたことがあるだろう。

　しかしAIは常に情報を収集し、学習・改善をしているため、利用者が増えてユーザーのフィードバックが増えていくことで精度は大きく改善していく。精度が不十分な段階では、仮に広告出稿ができたとしても、広告主は従来の検索連動型広告と比較して広告効果を感じにくい可能性もある。精度の改善とともにそれもなくなり、大きくプラスに働くこととなるだろう。

　2つ目は、指示文があまりに簡潔だとユーザーの指示やニーズを十分理解できない場合があること。対策としては、できるだけ明確に、具体的に指示することや、言葉を言い換えて指示することが挙げられる。

　指示の仕方によって得られる情報に差が出てくるため、使い慣れて

いないユーザーや聞き方のコツをつかめていない場合には、思うような回答が得られないこともあるはずだ。ただ、慣れるのに時間はかからないだろう。適切な指示の仕方が浸透すれば、多くのユーザーは自身の要望に合った情報を簡単に得られるようになる。そのときにはチャット型検索での広告は、さらに効果を高めることが期待できる。

例えば、1週間の海外旅行について、Bing Chatで**簡単に指示した場合**と**条件をつけて具体的に指示した場合**では、次のように内容が変わってくる。

簡単に指示した場合

こんにちは、これはBingです。1週間の海外旅行を考えているのですね。素敵な計画ですね😊

1週間の海外旅行におすすめの場所は、あなたの好みや目的によっても変わりますが、私は以下のような国や都市をご紹介します。

- スペイン：世界遺産や美しい建築物が多く、歴史や文化に触れることができます。バルセロナやマドリードなどの大都市から、セビリアやグラナダなどの南部の街まで、多彩な魅力があります。スペイン料理やワインもおいしいですよ[1]。

- ドイツ：絵本のようなお城や美術館が見どころの国です。ノイシュバンシュタイン城やケルン大聖堂などの有名な観光スポットを巡ることができます。ドイツ料理やビールも楽しめます[2]。

- インド：ヨガやエスニックなカルチャー、食べ物が魅力的な国です。タージマハールやアグラ城などの壮大な建造物を見ることができます。インド料理やスパイスも刺激的です[2]。

- アメリカ：大自然と大都会が楽しめる国です。グランドキャニオンやイエローストーン国立公園などの自然景観を見ることができます。ラスベガスやニューヨークなどの都市では、ショッピングやエンターテイメントを楽しむことができます[2]。

- アフリカ：天然のサファリパークと呼ばれる国です。ケニアやタンザニアなどでは、野生の動物たちを間近で見ることができます。マサイマラ国立保護区やセレンゲティ国立公園などの自然公園を訪れることができます[2]。

以上のように、1週間の海外旅行には様々な選択肢があります。あなたはどこに行きたいですか？😊

詳細情報： 1. tabichannel.com　2. tabippo.net　3. tabascopotato-trip.com　　　1 / 30 ●

「1週間の海外旅行を考えている。おすすめの場所を教えてください」と質問した結果

条件をつけて具体的に指示した場合

こんにちは、これはBingです。海外旅行を考えているのですね。素敵ですね😊

あなたの条件に合うおすすめの場所は、以下の3つの国です。

- フィジー：南太平洋にある島国で、日本から直行便で約9時間で行けます。海はとてもきれいで、サンゴ礁や熱帯魚が豊富です。シュノーケリングやダイビングを楽しめます。食事はフィジー料理やインド料理などがあり、スパイシーで美味しいです。公用語は英語とフィジー語なので、英語が通じます。[1]

- ハワイ：アメリカの州で、日本から直行便で約7～9時間で行けます。オアフ島やマウイ島などの有名な島々があり、ビーチやサーフィンはもちろん、ハイキングやショッピングなども楽しめます。食事はハワイアン料理やアメリカ料理などがあり、パンケーキやロコモコなどが人気です。公用語は英語とハワイ語なので、英語が通じます。[2]

- オーストラリア：オセアニアにある大陸国家で、日本から直行便で約9～10時間で行けます。シドニーやメルボルンなどの都市部や、グレートバリアリーフやエアーズロックなどの自然景観が魅力です。海はきれいで、カンガルーやコアラなどの動物にも出会えます。食事はオーストラリア料理やエスニック料理などがあり、バーベキューやパイなどが美味しいです。公用語は英語なので、英語が通じます。[3]

以上の3つの国は、海がきれいでご飯が美味しい英語圏の国で、日本から直行便が出ていることから、おすすめの場所として選びました。どれも素敵な国ですので、ぜひご検討ください。

また何か質問がありましたら、お気軽にお尋ねください😊

詳細情報： 1. tabascopotato-trip.com　2. tabippo.net　3. kkday.com　　　　1 / 30 ●

「1週間の旅行を考えている。おすすめの場所を教えてください。条件は海がきれいであること、食事がおいしいこと、英語が通じる国であること、日本から直行便が出ていること」と条件をつけて質問した結果

チャット型検索とマーケティング

　さて、ここまでチャット型の検索について述べてきたが、従来の検索と大きく変わっているのがご理解いただけただろう。

　このチャット型の検索が浸透すれば、マーケティングに大きな影響を与えることが考えられる。従来の検索連動型広告からチャットコンテンツに連動した広告がメジャーなものとなるかもしれない。そうなれば、より関連性の高いユーザーへの広告配信が可能となり、結果として費用対効果のアップが見込める。そうなれば、広告にあまり予算をかけられない企業やターゲットが狭い企業でも、チャット型検索で

広告を利用する意味が大きくなっていくと考えられる。

　SEO（検索エンジン最適化）対策についても小手先の技術ではなく、シンプルにユーザーに質の高いコンテンツを提供するという原点に戻ることが重要になってくるのではないか。コミュニケーションの中で具体的にニーズを把握できるため、それを満たす質の高いWebサイトであることが必要になってくるからだ。

② オンラインショッピングへの影響

　AIによるオンラインショッピングの変化も大きい。オンラインショッピングでは、AIの活用によりユーザーの嗜好や購入履歴などのデータを分析し、パーソナライズされた商品の提案が可能となった。例えば、Amazon.co.jpや楽天市場などの大手ECモールでは、AIを使ってお薦め商品や関連商品を表示している。この提案の精度もAI技術の進歩で日々向上している 。

　また、画像認識や自然言語処理などの技術を活用することで、検索や購入がしやすくなった。例えば「ZOZOTOWN」のZOZOSUITは、AIを使って服のサイズを測定し、最適なサイズを提案するサービスだった。またLINEでは、AIチャットボットを通じて商品やサービスを紹介するサービスを提供している。

　他にも、VRやAR（拡張現実）の技術を使って、ユーザーにリアルな体験を提供することも可能となった。例えば、IKEAやAmazonではAIを使って家具やインテリアを自宅に仮想的に配置できる。

　このようにAIはオンラインショッピングを大きく進歩させている。従来のオンラインショッピングに比べて、よりパーソナライズされた提案や便利な機能をユーザーに提供することが可能になり、顧客満足度や購入意欲の向上につながっている。

マイクロソフトが提供するAIを活用したオンラインショップの機能

　マイクロソフトのブラウザー「Edge」では前述のような内容とは異なるAIを活用した機能がある。

　1つ目は「Review Summary」という機能だ。これは任意の製品のオンライン上のクチコミを要約してくれるものだ。オンラインで商品やサービスを購入するほとんどのユーザーはクチコミを参考にしているだろう。Bingを使って検索し、Edgeで商品ページを開いている場合に、購入しようと思った商品のページを開いた状態でサイドバーのBingチャットを開き、当該製品の評判を尋ねる。そうすると、当該製品のレビューをまとめて、要約して回答してくれる。クチコミの要約は人気のあるクチコミを基にしているため、信頼性も高いだろう。

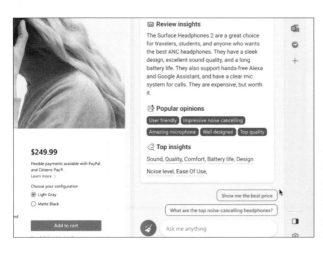

商品のクチコミを要約してくれる。出所：Microsoft Bing Blog「New AI-powered Microsoft Shopping tools arrive on the new Bing and Edge」

　このReview Summaryの機能により、ユーザーは多くのクチコミを見ないで済むようになる。その結果、ユーザーの比較検討時期における検索時間は短縮され、ストレスが軽減されることが期待できる。また、ユーザーの意思決定を早めることにもつながるだろう。

　2つ目は「Buying Guide」という機能だ。これはユーザーがWeb上で検索枠に入力した内容を基に、ショッピングアシスタントがWeb上で情報を集めて「購入ガイド」を生成してくれるものだ。

　例えば、大学入学を控えているユーザーが入学に際し準備すべきものについて調べている場合、検索窓に「大学用品」と入力すると、ショッピングアシスタントがWeb上で情報を収集してくれる。そして、ノートパソコンやバックパックなど必要であろう商品を含む購入ガイドを生成してくれる。商品ごとに類似商品の比較表も見ることができ、購入したい商品をクリックすれば、そこから購入サイトへと遷移する。

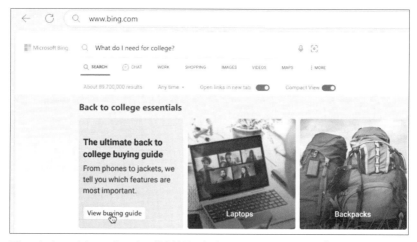

What do I need for college? の検索結果。出所：Microsoft Bing Blog「New AI-powered Microsoft Shopping tools arrive on the new Bing and Edge」

　この機能によりユーザーは、商品ごとに検索する必要がなくなる。一度検索するだけで、複数のサイトを行ったり来たりすることなく、複数の商品を比較できる。この機能についても、ユーザーの時間を節約し、ストレスを軽減してくれる。

3つ目は「Price Match」という機能だ。これはユーザーが過去に調べた商品の価格をAIがモニタリングして、価格が下がると通知をしてくれるものである。

　Amazonなどで価格変動をチェックして通知してくれるアプリやツールはあるものの、このPrice Matchはそういったアプリやツールを使わず、1つのブラウザー内で完結できる。本書執筆時点（2023年9月）では一部の提携小売業者のみで実装されているが、今後拡大していくと発表されている。

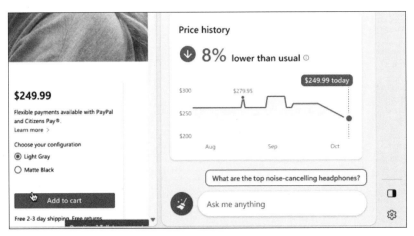

過去に調べた商品の価格をAIがモニタリング。出所：Microsoft Bing Blog「New AI-powered Microsoft Shopping tools arrive on the new Bing and Edge」

　Edgeには追跡機能が搭載されており、Edgeのサイドバーから購入した商品の配送状況を確認できる。追跡番号を確認するためにメールを探し、配送会社のウェブサイトで配送情報を検索する手間が不要となる。

　そして4つ目は「Copilot in Microsoft Shopping」だ。AIを活用しBingやEdgeでのオンラインショッピング時に探している商品をよ

りすばやく見つけられるようにしたものである。アイテムに関する情報を求めると、Bingはユーザーに対してさらに詳しい情報を得るための質問をし、その情報を基によりカスタマイズされたお薦めアイテムとベストプライスを提供する。実際にMicrosoft Edgeを利用した買い物客に対し、12カ月の間で総額40億ドル以上の割引が提供されたというデータもある。他のオンラインショッピングサイトとの違いとしては、過去の履歴からお薦めを提示するのではなく、質問と回答というやり取りを通じて商品をお薦めしてくれる点だ。それにより、よりユーザーの求める商品の提供が可能となる。

オンラインショッピングの今後

　このようにAIの進歩により、オンラインショッピングにおけるユーザーの手間は大きく減少しており、より便利なものになっている。比較検討から購入までの時間は、今後ますます短縮されていくのではないだろうか。

　また、AIによる顧客データの分析が進歩していくことで、ECはますますパーソナライズされたものとなり、企業は今まで以上に適切なタイミングでプロモーションや割引のDM送付、広告配信が可能となるだろう。その結果、売り上げの増加や顧客ロイヤリティーの向上につながるだろう。

　顧客データの分析能力が向上すれば、特定商品の需要を予測することで企業が手元に適切な在庫を確保できるようになるかもしれない。精度が高まれば、在庫切れや在庫過多を減らすことが可能となるだろう。そうなればユーザーは在庫切れで買いたい商品を買えない経験が減り、ECにおける顧客満足度は高まっていくのではないだろうか。

第2節

AIはマーケティングに
どのような影響をもたらすのか

① AIが与えるマーケティング業務の
生産性インパクトと創出価値

　マーケティングは、AIによって最も変化をもたらされる業務の一つだろう。マーケティングはデータの分析と活用が非常に重要であり、AIは膨大な量のデータを高速に分析できるためだ。また、AIは人間では不可能なパターンや傾向を認識できるため、マーケティング戦略の策定や、効果を高めるための施策実施に役立つ。

　さらにAIは、煩雑になりがちなマーケティング業務を自動化することで大幅に効率化できる。そのため、AIはマーケティング業務を大幅に変革し、企業の競争力を高めるポテンシャルを持っている。

AIによる業務の生産性向上が研究・調査結果として明らかに

　論文「生成AIの生産性効果の実験的証拠」[14]　では、マサチューセッツ工科大学のシャクド・ノイ氏とホイットニー・ジャン氏が、大学卒業者444人を対象に実施した、生成AI（ChatGPT）の使用が仕事の遂行に与える影響について分析している。

　マーケティング担当者、助成金申請書類作成者、コンサルタント、データアナリスト、人事担当者、管理職らが実験に参加した。

　与えられたタスクは、プレスリリース、短いレポート、分析計画、デリケートな電子メールの作成などで、各職種の実際のタスクに似せた所要時間20〜30分の課題を用意。生成AIを使用するケースとしないケースで比較した。

　その結果、生成AIを用いた場合と生成AIを用いない場合とを比較すると、「タスクにかかる時間が大幅に短縮」「タスクの質も向上」という結果が得られた。

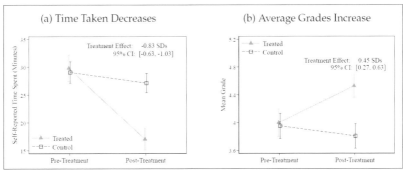

生成AIを使った場合、「時間短縮」「クオリティー向上」
出所：「生成AIの生産性効果の実験的証拠」

　作業工程の時間配分についても、生成AIの使用で大きな変化が見られた。

　生成AIを使用しない場合はブレーンストーミングに25％、下書きに50％、編集に25％を割り当てていたが、生成AI使用するとブレーンストーミングや下書きにかける時間が大幅に減少し、編集に多くの時間を割けるという結果が出ている。

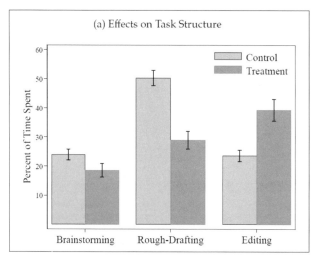

(a) Effects on Task Structure

生成AIを使う場合、編集にかける時間が増えた。
出所：「生成AIの生産性効果の実験的証拠」

　マッキンゼー・アンド・カンパニーの調査リポート「次なる生産性のフロンティア、生成AIの経済的可能性」[*15] によると、生成AIが世界経済に追加する価値は「年間2兆6000億ドル（1ドル140円換算で約364兆円）から4兆4000億ドル（同約614兆円）」に上るとしている。

　英国のGDPは3兆1000億ドル（2021年、同約434兆円）だったため、同国レベルの経済規模の国が丸ごと1つできるのに相当するインパクトということになる。

　また、生成AIが提供する価値の75％はセールス、マーケティング、ソフトウェアエンジニアリング、カスタマーオペレーション、研究開発の4分野で構成されるとしている。マーケティング領域においては、効率的かつ効果的なコンテンツ作成とパーソナライゼーション、データ活用の強化、SEO（検索エンジン最適化）、商品発見と検索パーソナライゼーションでメリットを享受するだろうと説明している。生成AIによるマーケティング部門の生産性向上は、マーケティング総支出の5〜15％の価値に相当するとの推定だ。

　具体的にどのようなマーケティング業務で活用でき、どのようなインパクトがあるのか、次の項から見ていこう。

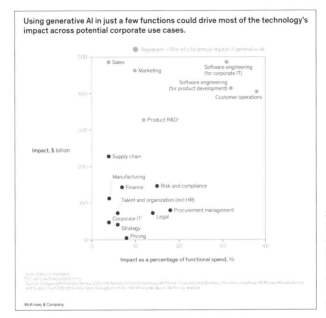

生成AIがマーケティング領域にもたらすインパクトは大きい
出所：マッキンゼー・アンド・カンパニー「次なる生産性のフロンティア、生成AIの経済的可能性」

② 市場環境分析、顧客インサイト理解は 大幅スピードアップ

マーケティング業務で最も時間を要する作業を数分の一に短縮

　AIによってマーケティングの各プロセスはどう変わっていく可能性があるのか。企業のマーケターや広告代理店担当者がマーケティング戦略を立案する場合、まずは市場や競合環境、消費者や顧客のインサイトを理解することから始める。企業や商品、サービスが置かれている環境を理解することで、ビジネスにおける課題も浮き彫りになって

くるので、戦略を立てていく中では最も重要な工程だ。

　しかしその分、調査のためのデータを収集して、まとめたり、考察を加えたりするには、かなりの時間と労力を要する。この負担、工数を、生成AIの力を借りることで、大幅に減らすことができる。

まずは市場や競合を理解する

　あなたが広告代理店のコンサルタントだったとしよう。クライアントに新しい商品企画を提案する上で、現在の市場環境や既存の競合商品を理解したい場合、まず生成AIに以下のようなプロンプト（質問するための命令文）を入力してみるといい。

命令書:
あなたは、{マーケティングコンサルタント} です。クライアントのビジネスの競合分析を行うことを任されています。あなたの役割は、クライアントが新規参入商品で競合商品をビジネスでリードするために、価値ある洞察とデータに基づく提案をすることです。以下の各ポイントや制約条件から、分析結果を出力してください。

#ポイント:
・競合商品を特定する：業界における主な商品を5つ、リストアップする。
・競合の提供する商品を分析する：各商品のメーカー、価格、独自のセールスポイントを調査する。
・市場のポジショニングを評価する：ターゲット層、ブランドイメージ、評判など、各競合商品が市場でどのように位置づけられているかを評価する。
・競合の優位性を確認する：各商品の強みと弱みを把握し、クライアントが競争優位に立つための機会を明確にします。

#制約条件:
・日本市場に限定
・価格は2000円以下

#入力文:
{商品ジャンル:ウイスキー}

#出力フォーマット:
テーブル形式で出力してください。

わずか数秒で、以下のような結果が返ってきた。

以下に、指定された条件に基づくウィスキー業界の競合分析を行います。この分析では、日本市場の主なウィスキー商品を5つ選び、それぞれのメーカー、価格、独自のセールスポイント、ターゲット層、ブランドイメージ、評判、および強みと弱みについて調査します。また、価格は2000円以下と制限されています。

商品名	メーカー	価格(円)	独自のセールスポイント	ターゲット層	ブランドイメージ	評判	強み	弱み
サントリー角瓶	サントリー	1500	伝統的な製法と独自の味	中高年層	信頼性と高品質	高評価	長い歴史と高い認知度	古典的なイメージ
ニッカブラックニッカクリア	ニッカウィスキー	1800	リーズナブルな価格と独特の味	若年層～中年層	素朴で手頃な価格	中評価	手頃な価格とユニークな味	味に対する評価は分かれる
サントリーホワイト	サントリー	1600	マイルドな味わい	若年層～中年層	高品質で手頃な価格	中高評価	マイルドな味とリーズナブルな価格	ブランド認知度は他製品に比べるとやや低い
キリン富士山麓	キリン	2000	富士山の伏流水で仕込んだ豊かな味わい	中高年層	自然素材を活用した高品質	高評価	自然素材の活用と独自の製法	価格が上限ギリギリ
ジムビーム	サントリー(輸入元)	1800	世界で愛されるアメリカンウィスキー	若年層～中年層	グローバルでカジュアル	中高評価	グローバルな認知度とバニラ風味	味が特異なため好みが分かれる

クライアントが競争優位に立つための機会として、例えば若年層に対するアプローチや、独自の製法・素材の活用などが考えられます。また、上記の製品がすべて男性向けのイメージが強いため、女性やウィスキー初心者向けの製品開発も有効な手段となるでしょう。

ウイスキー市場の競合分析を作成

　詳細なSWOT分析をしたい場合は、上記のプロンプトで「SWOT分析をしたい」と指示することもできる。

次に、市場動向について聞いてみる。

 この{市場}について【市場動向】を分かる範囲で教えてください

 ウィスキーの日本市場についての市場動向は以下の通りです：

1. **プレミアム化**：日本のウィスキーブームが続く中、高級ウィスキーへの需要が増えています。特にシングルモルトやエイジステートメント（熟成年数が表示されている）のウィスキーが人気を集めています。
2. **クラフトウィスキーの台頭**：小規模な蒸溜所によるクラフトウィスキーが人気を博しています。これらのウィスキーは独自の製法や風味が評価され、新たな消費者層を開拓しています。
3. **新規顧客層の開拓**：ウィスキーは以前は男性や中高年向けの飲み物というイメージがありましたが、最近では女性や若者にも人気が広がっています。カクテルとしてウィスキーを楽しむ人も増えており、新たな消費者層の開拓が進んでいます。
4. **オンライン販売の拡大**：コロナ禍を背景に、消費者がオンラインでウィスキーを購入することが増えています。オンライン限定のウィスキーも一部で見られ、ネット販売の機会が増えています。

以上の動向を踏まえると、ウィスキー市場における戦略では、新規顧客層への訴求や、オンライン販売の強化などが求められています。また、特定のウィスキー愛好家に向けたプレミアム化や、個性的なクラフトウィスキーの開発も重要となってきます。

国内ウイスキー市場の動向、特性を解説

新規参入のための戦略を考える

市場の動向はつかめてきた。では、新規参入する商品を提案する上で、マーケティングミックス（4P：Product、Price、Place、Promotion）を出力するよう指示してみる。

上記の{競合分析}、{ターゲット顧客の特徴}、{市場動向}をふまえて、この{2000円以下の
ウィスキー市場}に新規参入するための有効な4Pを考えてください。

 ウィスキー市場の新規参入にあたり、以下のようなマーケティングミックス（4P：
Product, Price, Place, Promotion）を提案します。

Product（製品）

2000円以下という価格帯でありながら、高品質であることを伝える製品開発が求められま
す。ターゲットとなる若者や女性層は、ウィスキー特有の風味を楽しむだけでなく、使いや
すさやデザイン性にも価値を見いだす傾向があります。そのため、独自の味わいを持つと
ともに、スタイリッシュなパッケージデザインやボトル形状を考えることで、見た目にも
魅力的な製品を作り上げてください。

Price（価格）

価格設定は、2000円以下という制約の中で競争力を保つことが重要です。価格が高すぎて
も手が出しにくいですし、安すぎても品質が疑われます。従って、その中間の、品質を保ち
つつもリーズナブルな価格設定が望ましいです。

Place（販売場所）

オンライン販売の拡大に対応し、自社のウェブサイトやECサイトなど、インターネットを
通じた販売を強化してください。また、若者や女性層が頻繁に訪れる小売店や専門店での
取り扱いを増やすことで、ターゲット層への露出を増やすことができます。

Promotion（プロモーション）

SNSやインフルエンサーマーケティングを活用して、若者や女性層に向けた情報発信を行っ
てください。また、初めてウィスキーを試す人でも気軽に試せるようなキャンペーンやイベ
ントを実施することも効果的です。さらに、商品の特徴やストーリーを伝えることで、製
品への理解と関心を深めることが可能です。

これらの施策を通じて、2000円以下のウィスキー市場に新規参入し、競争力を持続的に保
つことができるでしょう。

マーケティングの4Pを踏まえた戦略を提示

　いかがだろうか。マーケティング従事者にとってはありきたりな内
容に映るかもしれない。だがそこで「使えない」と諦めずに、具体的
な内容や別の選択肢を求めて、条件や要望を提示していく。

もっと具体的に、既存の{競合商品}とは異なるポジショニングをとり、誰も考えたことがないような4Pを考えてください。

承知しました。より具体的で、既存の競合商品とは異なるポジショニングを取り入れた4Pを考えてみます。

Product（製品）

「フルーツフレーバーのウィスキー」を開発します。甘い果実の風味が感じられるウィスキーは、女性やウィスキー初心者にも飲みやすく、既存のウィスキー市場ではあまり見られない製品となるでしょう。また、パッケージデザインには、派手さよりも洗練されたシンプルなデザインを採用し、高級感を感じさせます。

Price（価格）

プレミアムなフルーツフレーバーウィスキーとして、価格帯の上限である2000円に設定します。これは高品質で独特な風味を提供する製品であることを強調し、消費者にとっての価値を表現します。

Place（販売場所）

自社のオンラインストアで販売しますが、物理的な場所としては、都市部の高級スーパーや洋酒専門店で販売することを検討します。さらに、セレクトショップやファッションブティックなど、従来のウィスキーの販売場所とは一線を画した場所での販売も考えます。

Promotion（プロモーション）

新しいフルーツフレーバーのウィスキーというコンセプトを強調するため、SNSを活用したデジタルマーケティングを行います。特にInstagramを中心に、製品のビジュアルやフレーバーを強調した写真を投稿し、ハッシュタグを活用します。また、女性向けのライフスタイル誌やファッション誌などで広告を掲載し、ターゲット層に対する露出を増やします。

これらの戦略により、競合から差別化を図り、新たな市場ニーズを満たすことが可能となります。

具体的なマーケティングプランを依頼し、回答案を得た

　面白い代案が出てきた。この案で足りない場合でも、何度も代案を出すよう指示できるので、多くの選択肢が必要な場合も便利だ。1つの案に絞り込むため、生成AIにブレーンストーミングに付き合ってもらっている感覚で、どんどん質問をしていくのもいいだろう。早朝でも夜中でも嫌がらずに"壁打ち"相手になってくれる。

では、この新商品のアイデアを深掘りしていく。競合や業界内の状況を把握するために、「5フォース分析」を行う。

 この新商品案を実施したいと思います。5フォース分析をしてください。

 新商品である「フルーツフレーバーのウィスキー」について、マイケル・ポーターの5フォース分析を行います。5フォース分析は、業界内の競争環境を理解するためのフレームワークで、以下の5つの要素を分析します。

1. 業界内の競争の激しさ
2. 新規参入の脅威
3. 代替商品の脅威
4. 買い手（顧客）の交渉力
5. 供給者（サプライヤ）の交渉力

業界内の競争の激しさ

ウィスキー市場は、多数の大手ブランドが存在するため競争が激しいと言えます。しかし、提案するフルーツフレーバーのウィスキーは独自性があるため、直接的な競争からはある程度逃れることができるでしょう。

新規参入の脅威

ウィスキー製造は時間とコストがかかるため、新規参入のハードルは高いと言えます。また、フルーツフレーバーのウィスキーは独自の製法や技術が必要となるため、新規参入の脅威は比較的低いと考えられます。

代替商品の脅威

フルーツフレーバーのリキュールやカクテルなどが代替商品となり得ます。これらの商品は手軽に楽しむことができ、価格も手頃なため、一部の顧客にとっては魅力的な選択肢となります。

買い手（顧客）の交渉力

ウィスキーの顧客は個々の消費者が主なので、一人ひとりの交渉力はあまり高くありません。しかし、消費者全体としては製品の購入を選択する力を持っています。特に、フルーツフレーバーのウィスキーは新商品のため、消費者の反応が重要となります。

供給者（サプライヤ）の交渉力

ウィスキー製造には原料となる穀物、フルーツエキス、熟成用の樽などが必要です。これらの供給者の交渉力は、供給状況や代替原料の可用性によりますが、一般的には中程度と考えられます。

この分析を踏まえ、フルーツフレーバーのウィスキーの立ち位置と戦略を考え直すことで、市場への新規参入を成功させることができるでしょう。

フルーツフレーバーのウイスキーについて、5フォース分析の依頼に対する回答

商品のネーミング案も出してもらおう。英語のネーミングが必要な場合は、その旨指示する。

 この商品の日本語のネーミング案を10個出してください。同時に英語のネーミングも出してください。

#制約条件:
・英語のネーミングは2単語以内になるようなものに限ります。

#出力フォーマット:
・日本語名 (英語名)

 承知しました。以下、フルーツフレーバーのウィスキーの日本語のネーミング案とそれに対応する英語のネーミング案を10個、提案します。

1. 果実の雫 (Fruit Drops)
2. 甘露香 (Sweet Dew)
3. 柑香録 (Citrus Record)
4. 風味宴 (Flavor Feast)
5. 夢見果実 (Dream Fruit)
6. 芳醇果宴 (Fruity Banquet)
7. 味覚彩 (Taste Spectrum)
8. 香りの宴 (Scent Feast)
9. 果樹園 (Fruit Orchard)
10. 香果詩 (Fruity Poem)

これらの名前は、製品のフルーツフレーバーとウィスキーの高級感を両方表現しています。ご参考になれば幸いです。

商品のネーミング案を10個提示

　さらに、コピー案や販売戦略案の出力も指示できる。商品案がまとまったら、再度アドバイスを求めるのもよいだろう。

下記の商品開発・販売戦略で進めようと思います。アドバイスはありますか？

果実の雫 (Fruit Drops)という名前で、プレミアムなフルーツフレーバーウィスキーとして、価格帯の上限である2000円に設定。自社のオンラインストアおよび都市部の高級スーパーや洋酒専門店で販売。特にInstagramを中心としたデジタルマーケティングを行います。製品のビジュアルやフレーバーを強調した写真を投稿し、ハッシュタグを活用。また、女性向けのライフスタイル誌やファッション誌などで広告を掲載。

お考えの戦略は非常に理にかなっており、特にターゲットとなる若い女性層に対するデジタルマーケティングとライフスタイル誌などの媒体での広告は効果的と考えます。以下にいくつかの提案をさせていただきます。

1. **インフルエンサーマーケティング**:ターゲットとなる女性層に影響力を持つインフルエンサーに製品を提供し、レビューまたは使用シーンの投稿を依頼するといった戦略も有効です。InstagramやYouTubeなどのプラットフォームで、製品について語ってもらうことで、製品の認知度や評価を高めることができます。
2. **期間限定プロモーションやコラボレーション**:一定期間の割引キャンペーンや、人気のあるブランドやキャラクターとのコラボレーションなどを通じて、製品の露出を高めることも考えられます。
3. **ギフトパッケージの提供**:価格帯が2000円と高級感があるため、ギフト用の特別パッケージを提供することで、贈り物としての需要を取り込むこともできます。特に、バレンタインデーやホワイトデー、クリスマスなどのイベント時には需要が高まると考えられます。
4. **試飲イベントの開催**:新製品の導入にあたり、顧客が商品を手に取り、味を確認できる試飲イベントの開催も効果的です。特に、都市部の高級スーパーや洋酒専門店での開催が期待できます。

これらの提案が貴社の戦略に役立つことを願っています。

販売戦略を提案してくれる

　商品企画と販売戦略はこれでできた。これをディスカッションのたたき台にして、内容に肉付けをしていく。

　自分で情報収集やアイデア出しをする、これまでのプロセスと比べ、数分の一の時間で済み、その上、複数の選択肢を準備できた。

Code Interpreterでアンケートデータを分析

「Code Interpreter（コードインタープリター）」は、OpenAIが提供するChatGPT公式プラグインの一つ。このプラグインを利用すると、ChatGPT上でPythonを使ったコードの実行や、ファイルのアップロード・ダウンロードが可能になる。Code Interpreterはそのファイルのデータを解釈し、応答するため、ファイル内容の要約、データの分析やグラフの作成などにも応用できる。

　マーケティング領域において、Code Interpreterは様々な活用が考えられる。例えば、統計局など公的機関や企業が公開しているデータがあれば、その内容の分析とグラフ化などは瞬時に出来上がる。Code Interpreter内でデータとデータの掛け合わせもできるので、Excelを使わなくても、データ整形からグラフ化までを任せられる。

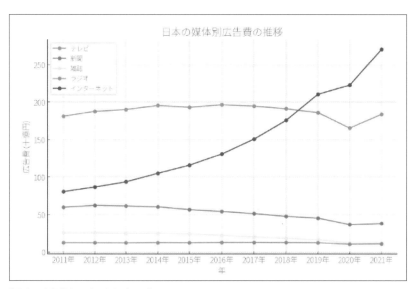

「日本の広告費」のデータをグラフ化

　左下のグラフは、日本の媒体別広告費をCode Interpreterでグラフ化したものだ。*16

　Code Interpreterがマーケティング領域で特に威力を発揮するのが、アンケートやインタビューだ。ChatGPTを使用して、アンケートの設問、インタビューのフローを効果的・効率的に設計し、アンケートを実施した後、そのデータをCode Interpreterにアップロードする（2023年9月時点ではCode Interpreterへアップロード可能なデータサイズは500MBまで）。

　例えば、リラクゼーションサロンの会員に対するアンケートを実施して、以下のようなデータが数百件集まったとしよう。
　このデータをCode Interpreterにアップロードし、分析を依頼する。

ユーザーID	性別	年齢	利用日数	利用回数	満足度	感想
C-10041	男性	29	170	43	1	清潔な環境
C-10027	男性	39	235	60	1	良い香りでリラックスできる
C-10044	女性	28	160	40	1	高品質なサービス
C-10042	女性	32	195	48	1	予約が取りやすい
C-10006	女性	34	210	52	1	効果が感じられる
C-10040	女性	31	190	48	1	施設が古い
C-10018	女性	40	255	60	1	スタッフがフレンドリー
C-10029	男性	41	260	66	1	プロの施術が受けられる
C-10021	男性	35	210	54	1	静かでリラックスできる
C-10031	男性	28	160	40	1	清潔で快適な施設
C-10024	女性	28	160	42	1	料金がリーズナブル
C-10003	男性	39	310	56	1	清潔感があり、気持ち良く利用できる
C-10017	男性	33	200	52	1	サービスが良い
C-10004	女性	28	150	40	1	料金が手ごろで嬉しい
C-10035	男性	36	220	55	1	綺麗な施設で満足
C-10048	女性	31	185	47	1	アクセスが良い
C-10046	女性	37	230	58	1	営業時間が短い
C-10026	女性	34	200	51	1	サロンの雰囲気が好き
C-10015	男性	37	240	63	1	安心して利用できる
C-10025	男性	37	225	57	2	マッサージの種類がもっとあれば良い

会員向けアンケートのローデータをアップロード

これはリラクゼーションサロンの会員を対象にしたアンケートです。このデータからどんな分析ができますか？

📄 qs.csv

 Finished working   Show work ∨   🗐 👍 👎

アップロードいただいたデータを確認しました。以下の項目が含まれています：

1. ユーザーID
2. 性別
3. 年齢
4. 利用日数
5. 利用回数
6. リラクゼーションサロンへの満足度
7. リラクゼーションサロンへの感想

これらのデータからは、以下のような分析が可能です：

1. **顧客のデモグラフィック分析**：顧客の性別や年齢による分布を調査し、主要な顧客層を特定できます。
2. **利用傾向の分析**：顧客の利用日数や利用回数に基づいて、顧客の利用傾向を分析できます。また、これらの利用傾向が性別や年齢にどのように関連しているかを調査することも可能です。
3. **満足度の分析**：リラクゼーションサロンへの満足度を分析して、顧客の満足度を改善するための指標を得ることができます。また、満足度が性別、年齢、利用傾向とどのように関連しているかを調べることもできます。
4. **感想の分析**：リラクゼーションサロンへの感想をテキスト分析することで、顧客がサービスに何を求めているのか、どの部分に満足または不満を感じているのかを理解できます。

具体的な分析を開始する前に、どのような情報を特に得たいのか、またはどのような問いに答えたいのかをお知らせいただけますと幸いです。

含まれるデータから可能な分析内容を回答

　このように、分析の種類も提案してくれる。この提案に乗って、まずデモグラフィック分析を依頼すると、性別と年齢の分布が分かる。

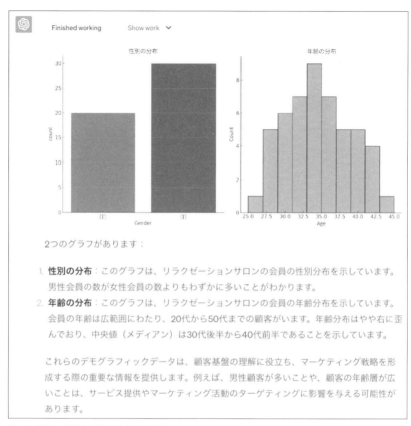

性・年代別の分析をグラフを交えて回答

　次に性別、年齢と利用日数、利用回数との相関を見てみる。年齢が
上がるにつれ、利用日数、利用回数が上がることが分かった。

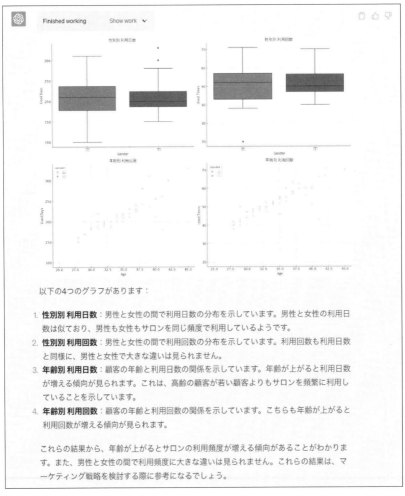

以下の4つのグラフがあります：

1. **性別別 利用日数**：男性と女性の間で利用日数の分布を示しています。男性と女性の利用日数は似ており、男性も女性もサロンを同じ頻度で利用しているようです。

2. **性別別 利用回数**：男性と女性の間で利用回数の分布を示しています。利用回数も利用日数と同様に、男性と女性で大きな違いは見られません。

3. **年齢別 利用日数**：顧客の年齢と利用日数の関係を示しています。年齢が上がると利用日数が増える傾向が見られます。これは、高齢の顧客が若い顧客よりもサロンを頻繁に利用していることを示しています。

4. **年齢別 利用回数**：顧客の年齢と利用回数の関係を示しています。こちらも年齢が上がると利用回数が増える傾向が見られます。

これらの結果から、年齢が上がるとサロンの利用頻度が増える傾向があることがわかります。また、男性と女性の間で利用頻度に大きな違いは見られません。これらの結果は、マーケティング戦略を検討する際に参考になるでしょう。

性・年代と利用回数の関係性を分析してくれた

　感想のデータからは、ワードクラウドで頻出するキーワードがないか、調べることができた。

不安を感じました　スタッフが話しすぎて　リラクゼーション効果が高い
もっと早い時間から開いて欲しい
前の客が遅く　サロンの雰囲気が好き　マッサージの質が期待以下でした
スタッフの態度が冷たいと感じました　リラクゼーションの効果を実感できる
施設の照明が明るすぎ
サロンの内装が古く　安心して利用できる
リラクゼーションのムードがなかった
サロンの場所がわかりにくく
マッサージの種類がもっとあれば良い
サロンの衛生状態があまり良くなかった
親切なスタッフ
もっと多様なサービスが欲しい
サービスが良いスタッフが親切
料金が手ごろで嬉しい
リラックスできませんでした　待ち時間が長かった
効果が感じられる　アクセスが良い　施術の説明が十分でなく
スタッフがフレンドリー　スタッフの対応が丁寧

ワードクラウドを作成しました。これはフィードバックテキスト中の単語の頻度を視覚化したものです。大きく表示されている単語ほどテキスト中に頻繁に現れる単語です。

このワードクラウドから、「清潔な環境」「良い香りでリラックスできる」「高品質なサービス」「予約が取りやすい」「効果が感じられる」などのフレーズが顧客のフィードバックでよく使用されていることがわかります。

これらのフィードバックは、顧客がサロンの何を評価しているのか、どの部分が特に満足度に影響を与えているのかを理解するのに役立ちます。また、これらのフィードバックを基にサービス改善のための戦略を立てることができます。

自由記入のテキストから、頻出単語を大きく表示

　クラスタリング分析もお手のものだ。クラスターそれぞれの説明と、その対策についても提供してくれた。

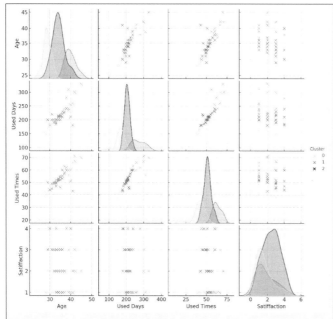

K-meansクラスタリングを使用して、顧客を3つのセグメントに分けました。各セグメント
は、顧客の年齢、利用日数、利用回数、満足度に基づいています。

K-meansクラスタリングにより、顧客を3つのクラスタに分けました。これらのクラスタは
次のように特徴づけることができます：

1. **クラスタ0**：このクラスタの顧客は平均的に若く（約29歳）、利用日数は165日、利用回数
   は41回で、満足度は1.6です。このクラスタは比較的若い顧客で構成されており、利用頻度
   は中程度で、満足度も中程度です。
2. **クラスタ1**：このクラスタの顧客は平均的にやや年配（約40歳）、利用日数は271日、利用
   回数は63回で、満足度は1.8です。このクラスタは年齢層が高く、かつサロンの利用頻度も
   高い顧客で構成されています。満足度も比較的高いです。
3. **クラスタ2**：このクラスタの顧客は平均的に中間の年齢（約34歳）、利用日数は206日、利
   用回数は51回で、満足度は2.5です。このクラスタは年齢、利用頻度ともに中程度の顧客で
   構成されていますが、満足度は最も高いです。

これらのセグメンテーション結果は、サロンのマーケティングやサービス戦略を検討する
際に、顧客の異なるグループごとに異なるアプローチを取るのに役立ちます。例えば、若い
顧客（クラスタ0）には新しいサービスを提案し、年配の顧客（クラスタ1）には長期利用
を incentivize するプログラムを提供し、中間の年齢層の顧客（クラスタ2）に対しては高い
満足度を維持するためのサービス改善を行うなど、各クラスタに対して適切な戦略を立て
ることができます。

クラスタリング分析で顧客を大きく3つのクラスターに分類

　いかがだろうか。概略的な分析ではあるが、短い時間で大枠の理解と対策が得られたのではないだろうか。

　今回の分析だけでも、以下のようなことが数分で実現できる。

・統計的な結果から、アンケートの全体の傾向や統計的指標の数値を得られ、全体感を把握できる
・可視化された相関の傾向から、分かっている相関に関する理解だけでなく、別の質問が必要かなどを考えることができる
・定性データを基に提案された改善案から、次に取るべきアクションへの示唆が得られる
・質問を繰り返すことで分析を深掘り、理解を深めていくことができる

　特にアンケートやインタビューに関して、生成AIは強力な分析パートナーになるといえる。

PDFファイルやYouTube動画も読み取って瞬時に要約

　サードパーティ製プラグイン「WebPilot」「AskYourPDF」「Chat with any PDF」などを使うことで、指定したサイトやPDFに含まれる大量の情報をスピーディーに要約できる。

　例えば、提案資料でDX（デジタルトランスフォーメーション）について言及するため、経済産業省の約50ページのDXリポートを引用したいとする。これを頭から全部読み始めたら、かなりの時間がかかる。重要なポイントを抜粋しながらならなおさらだ。

　プラグインを使って、PDFファイルの内容を読み込ませ、「10個のポイントに要約してください」と入力すると、瞬時に要約を出力する。英語など外国語の資料の場合も、読みやすい日本語に翻訳、出力してくれる。

103

このPDFを読んで、10個のポイントに要約してください
https://www.meti.go.jp/shingikai/mono_info_service/digital_transformation/pdf/20180907_0:

Used **AskYourPDF**   ⌄

Used **AskYourPDF**   ⌄

このPDFは、2025年までのITシステムの課題を克服し、デジタルトランスフォーメーション（DX）を完全に実装する方法について議論しています。以下に、その主要なポイントを10個にまとめてみます：

1. DXの推進に関する現状と課題: 経営戦略の中でDXを実行する上での現状と課題について説明しています。
2. 既存システムの現状と課題: DXの足かせとなっている既存システムについて詳述しています。
3. 既存システムの問題点: 既存システムの問題点とその背景について詳しく説明しています。
4. ユーザ企業における経営層・各部門・人材等の課題: 経営層の危機意識とコミットにおける課題、CIOや情報システム部門における課題、事業部門と情報システム部門の役割分担、ユーザ企業におけるIT人材の不足などについて説明しています。
5. ユーザ企業とベンダー企業との関係: ユーザ企業からベンダー企業への丸投げ、ユーザ企業とベンダー企業の責任関係、アジャイル開発における契約関係上のリスクなどについて説明しています。
6. 情報サービス産業の抱える課題: 情報サービス産業の概観、グローバル・クラウドの成長、ベンダー企業における人員の逼迫、スキルシフトの必要性、ビジネス・モデルの転換の必要性などについて説明しています。
7. DXを推進しない場合の影響: 既存システムの残存リスク、既存ITシステムの崖（2025年の崖）などについて説明しています。
8. 対応策の検討: 「DX推進システムガイドライン」の策定、「見える化」指標、診断スキームの構築、DX実現に向けたITシステム構築におけるコスト・リスク低減のための対応策などについて説明しています。
9. 共通プラットフォームの検討: 業界団体が共通化を進める旗振り役となって議論を進める方法、業界の大手企業が先行的に取り組んで行き関係する業界に伝播していく方法、中堅クラスの企業が集まって共通化し、機能を充実しつつデファクト化させ、最終的に大企業にも波及させていく方法などについて説明しています。
10. 今後の検討の方向性: 9月以降に具体的な検討を進める予定であることを示しています。

PDF資料をアップロードし、内容の要約を依頼

　また、動画の内容も読み取りや要約が可能。プラグイン「YouTube Summaries」を使ってTEDの動画の内容を要約してみた。

「Can Global Food Companies Make the Shift to Regenerative Agriculture? | Steve Presley | TED」

　ChatGPT上でYouTube Summariesプラグインを使えるように設定し、URLとともに「この動画の内容を要約してください」と指示した結果は次のページの通り。

　このような機能は、顧客への提案書などを作成する際に使用すると、提案の幅が広がり、非常に便利だ。しかしながら、マーケターは日頃から様々な最新情報に接し、知識や情報をインプットしていくことが求められる。AIを使うことで劇的に情報収集量とスピードが変わり、新たなトレンドのキャッチや、アイデア、インスピレーションを得ることができる。また、情報収集の時間短縮によって、頭を使って考える時間を多く得られることもメリットといえる。

この動画の内容を要約してください。
https://www.youtube.com/watch?v=jxy4j0OndPM

Used **YouTube Summaries** ∨

この動画は、世界的な食品企業が再生可能農業への移行をどのように行うかについての内容です。以下に主なポイントをまとめます：

🌱 "世界の食品企業は再生可能農業への移行を果たすことができるのか？"

🌍 "食品生産は総温室効果ガス排出量の約30％を占めており、ネットゼロ（温室効果ガス排出と吸収のバランスをゼロにすること）を達成するためには再生可能農業が重要です。"

🌱 "私たちはそのリスクを共有し、共有価値を創造するという考え方で取り組んでいます。それは農家にとって、供給者にとって、消費者にとって、そして最終的には地球にとって良いことです。"

🌍 "私たちは2030年までに50％を再生可能な方法で調達することを約束しています。"

👍 "アメリカの私たちの全工場はすでにゼロ廃棄物です。"

🌾 "私たちはパートナーとともに、アメリカの小麦農場に10万エーカー以上を投資しています。これにより、DiGiornoピザの生産量を倍にするための十分な小麦を生産することができます。" - Steve Presley

🐟 "実際には、CargillとNational Wildlife and Fish Foundationとの間で最大のパートナーシップを持っており、15州以上で再生可能な牧場経営の実践を行っています。"

💰 "2025年までに、ネスレは世界中の再生可能農業の実践に36億ドルを投資する予定です。なぜなら、それが私たちのビジネスにとって正しい投資だと信じているからです。"

「YouTube Summaries」で動画内容を要約してくれる

３ キャンペーン企画や台本作りも 強力なアシスタントが案出し

テレビCMの台本はAIが作ってくれる時代

　OpenAIが2022年11月にChatGPTを公開すると、海外の一部企業はいち早くそれをテレビCMの構成案や台本の作成に活用し、実際にそれを放映した。テレビ、広告業界からは「ここまでできるのか」と驚きの声が上がった。多くの人が、その大きな可能性を感じつつ、近未来にはAIがテレビCM制作の仕事を奪ってしまうのではないかと一種の脅威も感じたはずだ。

大日本除虫菊が「金鳥」のテレビCMに生成AIを活用して話題に
出所：同社Webサイトより

　日本でも、生成AIが生み出した映像から発想を得て構成した、大日本除虫菊の金鳥のテレビCMが話題になった。「殺虫離れ」が進む若年層に向けた作品として、シュールな世界観を見せている。

生成AIがどの程度キャンペーンや構成案作りに役立つのか。試しに架空の商品のキャンペーンを作成してみた。

 これまでになかったグミタイプのサプリメントのマーケティングを実施したいと思います。ターゲット層は20-40代の首都圏の女性です。TVCMを含めたキャンペーンを企画したいので案をもらえますか？

 もちろんです、マーケティングキャンペーンの提案をいくつか以下に示します。

1. **製品名称**: 適切な製品名称は消費者の関心を引くための重要な要素です。ターゲット層に関連したフレーズや響きの良い単語を組み合わせて製品名を作りましょう。
2. **TVCM**: TVCMの中心となるストーリーテリングは、製品を必要とするシチュエーションを描くことが重要です。日常生活で健康と美容に気を使う20代から40代の女性を描き、彼女たちがどのように製品を活用するかを示します。ハイエンドの映像製作や有名人を起用することで、製品の魅力を最大限に引き立てます。
3. **オンラインキャンペーン**: SNSを使って、製品の実際の使用感や効果を共有するインフルエンサーやブロガーを起用しましょう。彼女たちが製品の使い心地や効果を自分のフォロワーに向けて発信することで、広範囲の消費者に製品を訴求できます。
4. **サンプル提供**: 駅前や商業施設でのサンプル提供や、オンラインでのサンプル配布キャンペーンを行うことで、製品を実際に試してもらう機会を提供します。
5. **コラボレーション**: ファッションブランドや美容ブランド、カフェなど、ターゲット層が好むブランドや施設とのコラボレーションを実施します。これにより、製品のブランドイメージを高めるとともに、新たな顧客層を獲得する機会を作り出します。
6. **ポップアップストア**: 高級百貨店や人気のショッピングエリアに期間限定のポップアップストアを開設します。製品の体験コーナーや専門スタッフによる相談コーナーを設けることで、製品への理解を深めてもらい、購買を促します。
7. **プロダクトパッケージデザイン**: 高級感と健康志向を感じさせるパッケージデザインにします。パッケージが目を引くと、消費者が製品を手に取る可能性が高まります。
8. **スペシャルイベント**: 新製品のローンチイベントやファン向けの特別イベントを開催します。これらのイベントでは、製品に対する理解を深めるとともに、ブランドと消費者との絆を深めることができます。

これらの施策は、一緒に、または個別に実施することで、製品の認知度を高め、製品に対する信頼性を構築し、最終的には製品の購買につなげることができます。

グミタイプのサプリのキャンペーン企画案を依頼

　かなり納得感のあるキャンペーン内容だ。では、このうち、「2.TVCM」
（テレビCM）の構成案の作成を指示してみる。

 グミタイプのパーソナルサプリメントのTVCMの構成案を考えたく思います。案をもらえますか？これまでにサプリメントではなかったグミであること。しかも、一人一人が欲しい栄養素をヒアリングし、完全にカスタマイズした形で届く物である点を強調したいです。

 もちろんです、ご希望のテレビCMの構成案を以下に提案いたします。

1. **オープニング**：美しいフルーツのビジュアルで始まります。各フルーツが現れるたびに、画面にはそのフルーツの栄養素（ビタミンC、アントシアニンなど）が表示されます。
2. **問題提起**：ナレーションが入り、一日の食事から必要なすべての栄養素を摂取することの難しさを語ります。その後、いくつかの個々の人々がストレスフルな日常生活（仕事、運動、子育てなど）を過ごすシーンが流れます。
3. **ソリューション提示**：そこで登場するのが、新しく開発されたカスタマイズ可能なグミタイプのパーソナルサプリメントです。ここでグミサプリメントが登場し、色鮮やかなグミが画面を埋め尽くします。ナレーションで「これまでにない、完全にあなた専用のサプリメント」というメッセージを伝えます。
4. **プロセス解説**：その後、顧客がオンラインで自分のライフスタイル、健康状態、栄養ニーズを入力し、その情報に基づいて専門家が最適な組み合わせを提案する様子をアニメーションで描きます。
5. **製品強調**：次に、様々な味と色を持つカスタマイズされたグミがパッケージに詰められ、自宅まで配送される様子を描きます。ナレーションで「一日一粒、あなただけの栄養補給。いつでもどこでも簡単に。」と伝えます。
6. **エンディング**：最後に、満足そうにグミを食べる人々の表情と、元気に活動する様子を映し出します。CMは「あなたに最適な栄養素を、一粒のグミで。」というキャッチフレーズで締めくくります。

この構成案は、製品の新規性と個々のニーズに対応したカスタマイズ可能性を強調しています。また、視覚的に魅力的で、視聴者に製品を試してみたいと思わせるエンターテイメント性も持っています。

テレビCMの構成案を、強調ポイントをリクエストしつつ依頼

　出てきた構成案を必要に応じて微調整するよう依頼しながら完成させていく。この構成案に沿ってできたシナリオは次の通り。

では、この構成案に沿って、シナリオを作成してください。

もちろんです。以下に詳細なシナリオを作成しました。

1. オープニング

[画面にフレッシュなフルーツが映る]

ナレーター：「毎日必要な栄養素を摂取することは容易なことではありません。」

2. 問題提起

[ビジーな日常生活を送る人々のシーンが流れる]

ナレーター：「仕事、運動、家族との時間…私たち一人ひとりの生活は異なり、それぞれのニーズも異なります。」

3. ソリューション提示

[色とりどりのグミが画面を埋めるシーンへと変わる]

ナレーター：「そこで登場するのがこれ。一人ひとりに合わせた、完全カスタマイズ可能なグミタイプのサプリメント。」

4. プロセス解説

[カスタマイズプロセスを説明するアニメーションが流れる]

ナレーター：「あなたのライフスタイル、健康状態、栄養ニーズを私たちに教えてください。それを基に、最適な組み合わせを提案します。」

5. 製品強調

[カスタマイズされたグミがパッケージに詰められ、自宅まで配送される様子が映る]

ナレーター：「一日一粒、あなただけの栄養補給。いつでもどこでも簡単に。」

6. エンディング

[満足そうにグミを食べ、元気に活動する人々のシーンが映る]

ナレーター：「あなたに最適な栄養素を、一粒のグミで。」

[CM終了]

これらのシナリオは視聴者に製品の利便性とパーソナライズの可能性を強く感じさせることで、興味を引くように設計されています。どうぞご検討ください。

CMの構成案に沿ったシナリオを提案してくれた

　台本に関しても、細かな追加指示をしながらつくり上げていく。ここまでかかった時間はものの10分程度だった。上記は荒い指示（プロ

ンプト）出しを与える形だったが、例を示して指示する「Few-shot プロンプティング」も可能だ。

　Few-shotプロンプティングとは、例を提示することで、タスクを実行するための方法を学習させるプロンプトのことをいう。

　先のグミタイプサプリメントの場合は、例を提示しないZero-shot プロンプトという方法を取ったが、複雑なタスクでは不十分な出来になる場合がある。そのため、プロンプトでいくつかの例（Few-shot）を与えることで、精度の高い出力が期待できる。

　過去のテレビCMや動画サンプルの構成をFew-shotプロンプトとして入力したり、大筋の方向性を人間が指示したりすることで、実用的な構成案の作成が可能になり、たたき台のプランとして複数パターンをスピーディーに作成できる。

ラフなスケッチを添えるだけで高度なイメージ画像に変換

　また、Stability AIの「Stable Doodle（ステーブル　ドゥードゥ

ル）」など、ラフなスケッチにテキストのプロンプトを添えるだけで高度な画像に変換する「スケッチ to 静止画」の生成AIを組み合わせて活用することで、リアルなストーリーボードや絵コンテをつくることもできる。これで具体的な解像度でクライアントとシミュレーションできるようになる。

　さらには、AとZという一見関係なさそうなモノを組み合わせるアイデアに、生成AIを活用できる。ハーバード・ビジネス・スクールの教授で著書『イノベーションのジレンマ』で有名なクレイトン・クリステンセン氏も、イノベーションについて「一見、関係なさそうな事柄を結びつける思考」と表現している。
「アリとモバイルバッテリー」という2つの異なるものをひも付けるよう、問いかけてみた。

 「アリの進化型はモバイルバッテリーだった」という文脈が成り立つよう説明してください。

 それはかなり抽象的な表現ですが、以下のような方法で解釈してみましょう。

私たちが「アリ」を、彼らの能力を一部借りたテクノロジーとして解釈すると、この表現が理解できるかもしれません。アリはエネルギー効率が非常に高く、小さい体格ながら大量の食糧を運ぶことができます。この特性をエネルギー蓄積と転送の観点から見ると、モバイルバッテリーとの類似性が見えてきます。

モバイルバッテリーはエネルギーを蓄え、必要に応じてそれを放出します。それは、アリが食物を見つけ、それを巣に運び、必要に応じてそのエネルギーをコロニーに分配するのに似ています。

これらの理論を組み合わせると、「アリの進化型はモバイルバッテリーだった」という文脈は、エネルギー蓄積と分配の効率性という観点から理解できます。具体的には、これはテクノロジーが自然界の生物からインスピレーションを得て進化し、人間が便利に使うことができる形になった、という意味になります。

無関係なものを掛け合わせて発想を広げる

こんな結果が瞬時に返ってきた。突拍子もない思考かもしれないが、妙に納得感がある内容だろう。既存の枠を飛び越え、接点がないもの同士を掛け合わせることで、今までにない新しい表現やキャンペーンが生み出される可能性が高まる。誰でも想像するような、ありきたりな組み合わせではなく、何かをつなげようとした際に、生成AIはその強力なサポーターになり得る。これはキャンペーン企画にも十分応用可能な考え方だろう。

4 テキスト、画像、動画制作は 大量・高速・新発想がキーワード

手軽に高品質な画像を生成できるテキスト to イメージ

マーケティング領域の中で最もAIの影響が大きいのは、コンテンツ生成の領域だろう。AIは、テキスト、画像、動画などのコンテンツを自動的に生成できる。これにより、コンテンツ制作のコストと時間を大幅に削減できる。またAIは、人間がすぐには思いつかないような創造的で魅力的なコンテンツを生成できる。

2022年春以降、OpenAIの「DALL-E 2（ダリ・ツー）」（最新版は3）、Stability AIの「Stable Diffusion（ステーブルディフュージョン）」、Midjourneyの「Midjourney（ミッドジャーニー）」などのテキストから画像を生成するサービスが次々と登場した。

それぞれ使ってみたところ、プロンプトにテキストを入力するだけで、すぐに画像を生成してくれた。大量、高速なのはもちろん、誰も想像したことがない絵柄をプロンプトで指示するだけで瞬時に制作してくれるわけだから、イマジネーション次第で様々なコンテンツがつくれるのは非常にパワフルだ。

DALL-Eでの画像生成例

Stable Diffusionでの
画像生成例

Midjourneyでの画像生
成例

Adobe Fireflyでの画像生成例

　それぞれのツールで用いられるAIの種類やモデルデータの差から、同じ内容のプロンプトを入力しても、異なるテイストの画像が出力される。それぞれの特徴を理解して使い分けるといいだろう。

　また、DALL-E、Stable Diffusionは、APIも準備されている（Adobe Fireflyは2023年9月時点で開発中）。自社で開発した外部システムから画像生成を手掛けることも可能だ。

画像加工もドラッグ＆ドロップで

　画像生成は劇的に効率化されているが、既存の画像を加工する技術もAIで進化している。「写真をもう少し広げられたらいいのに」と思った際に使えるのがStability AIの「Uncrop」だ。Uncropを使えば、写真をどの程度広げたいかを指定すれば、AIが写真の枠外部分を生成して幅を広げられる。

Uncropで広げる前の画像（左）と広げた後の画像（右）
出所：UNCROP ウェブサイト　https://clipdrop.co/uncrop

「DragGAN」は、画像の中で動かしたいポイントを指示するだけで、AIが自動で修正してくれる。2023年6月22日にソースコードが公開された。

DragGANで修正する前の画像（左）と修正後の画像（右）
出典：Drag Your GAN: Interactive Point-based Manipulation on the Generative Image Manifold https://vcai.mpi-inf.mpg.de/projects/DragGAN/

　Adobe Fireflyを搭載したPhotoshopでは、生成塗りつぶし機能を用いることで、プロンプトに自然言語で入力して画像を加工することができる。オブジェクトや背景の生成、画像拡張、オブジェクトの削除が可能だ。

Photoshopの生成塗りつぶし機能でオブジェクト（矢印のサイン）を追加
出典：Adobe Photoshop (beta) x Adobe Firefly: Announcing Generative Fill
https://youtu.be/IVTyLYupECI

　また、Stable Diffusionの拡張機能であるControlNetを使うことで、輪郭、線画、ポージングなどを指定して、作り手の意図を反映できる。「こんなポージングのイラストを描いて」といった、画像への指示を様々な方法でStable Diffusionに伝えてくれる拡張機能だ。

プラットフォームは生成AIをネイティブに実装

　マイクロソフト、グーグル、メタをはじめとした大手広告プラットフォームは、生成AIを、広告プラットフォームのネイティブな機能として管理画面の中に実装することを表明している。

　Microsoft 広告では、生成AIによって作られた広告文を利用できるようになった。日本語を含めた35の言語で生成AIによってつくられた広告文を適用できる（2023年9月時点）。

Microsoft 広告では、生成AIがつくった広告文を利用できる

　Google 広告においては、Microsoft 広告と同様、検索キャンペー
ン用の広告文を対話型で生成する機能もある。また、P-MAXキャン
ペーンにおいても、Google AIを活用したアセット自動生成機能が提
供される予定だ。ランディングページのURLをインプットするだけで、
Google AIは広告主のブランドを学習し、キャンペーンに適切なテキ
ストや他のアセットを自動的に生成する。さらに、AIが特別に生成し
た新しい画像を提案し、様々なフォーマットで顧客の注意を引くのに
役立つ。

　検索広告同様、マーケターはGoogle 広告にチャットでフィードバ
ックが可能で、Google 広告はフィードバックに基づいて新たなアセ
ットを生成する。

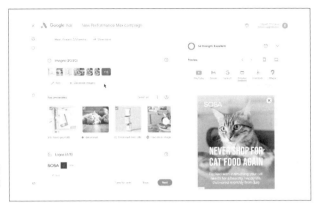

Google広告でも、対話型で検索広告を生成する機能がある

　サイト構築プラットフォーム大手の「Wix」では、サイト内のテキストをChatGPTと連携して自動生成する機能を利用できる。さらに、AIによるサイト制作を進化させる「テキスト to ウェブサイト」の機能を発表している。同社の「AIサイト・ジェネレーター」は、ホームページとテキスト、画像、関連するコンポーネントを備えたプロフェッショナルでユニークなサイトを、ユーザーの記述した意図に基づいて即座に生成する。

Webサイトの作成でも、生成AIによって制作の自動化が進む

2Dから3Dオブジェクトを生成も

　米ワンダーダイナミクス（Wonder Dynamics）のAIツール「Wonder Studio」は、実写映像の人物を3DCGキャラクターに置き換える。3DCGキャラクターには、モーションキャプチャーによって体や表情のアニメーションが反映されるほか、背景に基づくライティングが適用される。

Wonder Studioで人間がロボットに置き換えられた映像
https://wonderdynamics.com/

　「Monster Mash」は、誰でも簡単に写真やイラストから高度な3Dモデルを作成し、アニメーション化までできる無料のウェブサービス。ツール上で3D化したい画像の輪郭をなぞるだけで、瞬時に3Dモデルを作成してくれた。これをBlenderなどの3DCGソフトウェアに取り込んで、本格的な3Dアニメーションの素材にすることもできる。

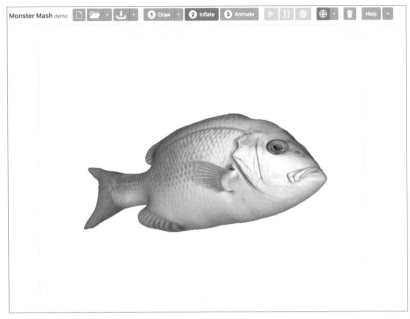

Monster Mashで2Dの画像を3Dのオブジェクトに変換したもの

生成AIの進化によるクリエイティブ制作への影響

　生成AIの進化は、クリエイティブ制作に様々な影響を及ぼすだろう。まず、画像、動画の制作コストは大幅に低下する。また、大量パターン作成の高速化が実現されるので、より細かいセグメントに対するパーソナライゼーションも、これまでとまったく違うレベルで可能になる。Wonder StudioやMonster Mashの例にもあったように、3Dモデルの活用ハードルが下がるので、3Dアニメーションの動画への活用が増加することも予想される。モックアップのレベルが向上するので、例えばクライアントへの提案時に、具体的なイメージを提示できるようになり、意識のすり合わせが進み、新しいアイデアを創出しやすくなる効果も期待できる。

強化学習のループ構造をどのように実現するかが今後のキー

　生成AIによるコンテンツ生成の成功の鍵は、コンテンツ強化学習の
ループ構造をいかに担保できるかにかかっている。AIモデルの強化の
ためには、正解データに基づく強化学習のループ構造が理想的だ。

　例えば、広告用のバナーを生成した場合、生成されたバナーに対して
人間のチェックを介在させ、フィードバックする。広告を配信し、パ
フォーマンスをフィードバックし、強化学習をかける。これを繰り
返すことで、モデルがチューニングされ、成果が出やすいアウトプッ
トが増えていく。

　Stable Diffusionなどのオープンソースアプリケーションをはじめ、
API経由で様々なAIの機能を活用したり、それらを統合したり、プ
ロセス連携させたシステムを開発できる環境が整いつつある。このよ
うなループ構造を運用するためのシステムを自社で開発できるように
なった。どのようなシステムを構築し、開発主体はどうあるべきかに
ついては第7項「マーケティングプロセスのあらゆるステップにAIを
活用」でも解説する。

５ メッセージやショッピング体験も ハイパーパーソナライズされる

真のワン・トゥ・ワン コミュニケーションの実現へ

　生成AIは、パーソナライゼーションを、これまでできなかったレ
ベルまで引き上げることが期待されている。デロイトトーマツによる
と、「ハイパーパーソナライゼーションは、ブランドが個々の顧客に

合わせたマーケティングを行うための最も先進的な方法であり、データ、アナリティクス、AI、自動化を活用し、カスタムでターゲットを絞った体験を創造することで実現する」としている。同社の調査リポート「意味あるコネクション - データ、アナリティクス、AIを活用した顧客体験のパーソナライズ」[17] では、「90％の消費者が顧客別ターゲット広告を魅力に感じている」「80％の消費者がパーソナライズド経験を提供する企業の商品を買う可能性が高い」という調査結果から、「AIパーソナライゼーションのトレンドが来る」と予測している。

　同リポートに、スターバックスのハイパーパーソナライゼーションの例がある。スターバックスは、自社のデジタルフライホイール戦略の一環として、位置情報データ・地理空間データ・人口統計データ・トラフィックデータなどのコンテキストデータ（顧客の嗜好データ、活動データ、過去の購入履歴などをデータドリブンAIアルゴリズムにかけ、40万種類以上のハイパーパーソナライズされたメッセージ（食べ物や飲み物のオファー）を同社モバイルアプリのプッシュ通知とアプリ内メッセージの形式で送信した。そのマーケティングキャンペーン効果によって収益は3倍増加し、総取引の25％がモバイルアプリ経由で行われたと報告している。

　米大手スーパーマーケットのクローガーは、マーケティング業界団体「MMA Global」と連携し、AIに関する共同調査を実施しました。AIを活用し、顧客別にハイパーパーソナライズしたディスプレー広告をオープンウェブに対して配信したところ、6週間後、同社ウェブページのトラフィックは259％と急増し、売り上げが16％増加した。MMA Globalのデータ分析によると、もし同社がAIを活用したハイパーパーソナライゼーションをすべてのデジタルマーケティングに同じレベルで適用した場合、同社の評価額は5％上昇する可能性があるとしている。

ハイパーパーソナライゼーションを実現するためのテクノロジープラットフォームも、実用段階に入っている。CRM大手の米セールスフォースは「Marketing Cloud」と「Commerce Cloud」を、生成AI アシスタント「Einstein GPT」で強化し、「Marketing GPT」と「Commerce GPT」として2023年6月に発表した。

　Marketing GPT はパーソナライズされたキャンペーンの作成、配信、分析方法の簡素化、Commerce GPT はパーソナライズされたショッピング体験の作成を実現するものとして提供される。

　Marketing Cloudのユーザーは、プロンプトを入力して Data Cloud のプロファイルを照会し、ターゲットしたいオーディエンスセグメントを特定できる。また、Einstein GPT に、キャンペーン用の件名や本文を含むパーソナライズされたメールの作成・修正を依頼できる。

　Commerce GPTでは、Data CloudとEinstein GPT を使用することで、ユーザーはECサイト上の動的な商品説明を素早く作成できる。その説明を異なるターゲットオーディエンス向けに異なる言語で自動生成することが可能だ。また、ボットベースのソリューションである「Commerce Concierge」での将来像も示している。例えばユーザーは、チャット上でAIに海外旅行に着ていく服について相談すると、ボットがその意図を理解し、商品カタログやプロモーションを提示する。その服を着て街中を歩く自分の写真を自動生成して表示したり、これまで購入した服の履歴を参照してそれらとのコーディネートまで考慮してくれたりする。

　これまでもパーソナライゼーションの概念は存在していたが、実現していたのは「一対多」だった。ターゲットしたいグループを作成し、

そこに対して"ある程度"パーソナライズされたメールを送るなどの施策をしてきた。本来、マーケターは、顧客一人一人に向けた体験をつくることを考えなければならない。ハイパーパーソナライゼーションを実現するには、それぞれに合ったコンテンツが必要になる。だが、一対一ですべてのコンテンツを一度に生成することは人間の力では不可能。それを生成AIが可能にしようとしている。

実在する店員が「AI強化され」24時間応対してくれる

　縦型ショート動画、ライブ配信機能を中心とした統合型動画ソリューション「Firework（ファイヤーワーク）」を提供する米ループ・ナウ・テクノロジーズ（Loop Now Technologies）が現在開発中の「1on1 AIオンライン接客」は、企業サイトに訪問した見込み客に動画接客ができる機能だ。

　AI機能で、お客さまの会話情報、商品在庫情報、顧客情報をベースに、接客の中でセールス担当者にリアルタイムで最適な商品やメッセージをレコメンドする。オンラインストアでも、対人接客が必要な商品において最適なコンサルティングを受けることができる。

ワン・トゥ・ワンで24
時間接客が可能に

同社はさらに一歩踏み込んだ生成AIの活用によって、アーカイブ動画で顧客と自然なチャットをしながら、会話の情報をもとに商品レコメンドをする機能を開発中。これにより、実質24時間、オンライン店舗での顧客対応が可能になる。

6 レポート作成業務はなくなる

BIツールは自動でダッシュボード生成、インサイト提供へ

　マーケティング施策の実施後は、必ずその効果を測定し、施策の評価や最適化のためのレポーティング業務が発生する。このレポーティング業務はとにかく時間と労力がかかるもの。

　例えば、ネット広告のキャンペーンを実施した場合、異なる広告媒体を横断的に並べ、もっとも費用対効果が高い広告媒体、低い広告媒体を特定するための分析をする必要がある。それには、それぞれの広告媒体のレポートのデータ項目を合わせた上で、データを統合し、効果的なグラフを作成する。その表やグラフを読み解き、どこに変化があったのかを突き止め、考えられる理由は何かの仮説を立て、次の施策のための最適化案を考える。

　ここで説明するだけでも、多くの作業が発生することが分かるだろう。しかも、前段の作成業務に工数がかかり過ぎて、その後のデータの読み解きや最適化案の考察を考えるところまで到達しないことも広告・マーケティング業界ではしばしば見受けられる。

　AIを搭載した新しいBIツールは、このような作成業務にかかる工数を削減し、しかも、施策改善に有益なインサイトも自動的に、パーソナライズされた形で提供してくれる。

　マイクロソフトは、ビジネスインテリジェンスツール「Power BI」にCopilotを連携することで、その機能を大幅に強化している。Copilot連携によって、生成AIの能力を活用して、誰でもデータを操作し、有益なインサイトを得られるようになっている。

　Power BIの新機能には、レポートの作成とカスタマイズ、数式言語であるDAX（Data Analysis Expressions）関数の生成と編集、データインサイトのテキストサマリーの作成が含まれる。

Power BIにCopilotを連携して機能強化

　ユーザーが希望するビジュアライゼーションをCopilotに記述すると、フォーマットやレイアウトも考慮した上でダッシュボードを自動的に生成する。既存のダッシュボードをCopilotが修正することも可能だ。
　さらには、「リピート顧客の訪問が増えた要因を教えてください」といった分析に関する質問をすると、Copilot内の回答文とともに、根拠となるグラフを含んだダッシュボードページを新規に作成してくれる。
　データに関するインサイトを常にダッシュボードで見られるように

したい場合は、ダイナミックに数字が変わるナラティブをデータサマ
リーとして追加することもできる。

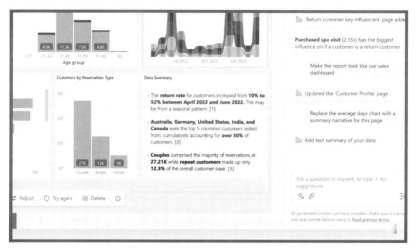

分析を依頼すると、根拠となるグラフを含んだダッシュボードページを作成してくれる

　セールスフォースも、AIを活用したデータ分析のための2つの新し
いツール「Tableau GPT」と「Tableau Pulse」の提供開始を発表
している。Tableau GPT と Tableau Pulse は、生成AIを活用す
ることで、ユーザーに自動的にパーソナライズされたデータ分析体験
を提供する。

　Tableau GPTは、データの準備、ガバナンスを自動化し、適切な
チャートやビジュアライゼーションを提案し、データソースの説明を
自動生成する。

　Tableau Pulseは、AIを活用したパーソナライズされたニュース
フィード スタイルの製品。Tableau GPTを使用して、各ユーザーが
必要とするものに基づいて、適切なタイミングで自動化された理解し

やすい分析を提供する。

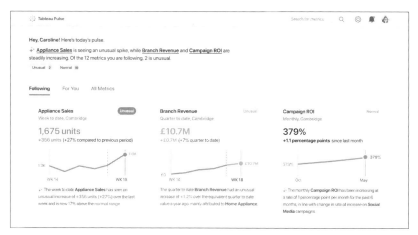

Tableau GPTを利用して、ビジュアルな分析結果の提供を自動化している「Tableau Pulse」

　Tableau Pulseは、情報を自然言語とデータビジュアライゼーションの両方で表示する。ビジネス用のチャットツール「Slack」や電子メールなどの様々なプラットフォームにも統合できるので、個々人が使いやすいツールで最新の情報を入手し、データを中心に置いたディスカッションのきっかけをつくることもできる。

Tableau PulseはSlackなどとも連携。議論が進みやすい

Tableau Pulseにデータ分析に関する質問を投げかけると、それに対する回答もビジュアライゼーションの中で提供してくれる。

売れ行きを反映した在庫の見通しをビジュアルに表示

またセールスフォースは、「VizQLデータサービス」も発表している。これは、次世代のBIツールの形態として各社で取り組みが始まっている「ヘッドレスBI」と呼ばれるもの。Tableauの分析エンジンを外部のアプリケーションから呼び出せるビジネスインテリジェンス機能のマイクロサービスとなっている。例えば「Tableauのインサイトを自動化されたビジネスワークフローに連携したい」「Tableauのアナリティクスと対話する独自のチャットボットをつくりたい」といったことが実現できるようになる。

AIの活用によって、広告主企業と広告代理店などのパートナーの間のレポーティングは大きく変わるだろう。広告代理店は素早くダッシュボードを作成し、インサイト機能の助けを得て、キャンペーンのパフォーマンスを広告主企業と共有しながら、チャットツールでディス

カッションするようになる。

　広告代理店がレポートを作成する時間やデータの変化に対する考察
を加える部分はほとんどなくなるはずだ。削減できた時間は、キャン
ペーンの最適化や次の新しい施策立案に費やすことができる。

　広告主企業はデータの入手スピードが格段に上がり、データに基づ
いたインサイトを得られることで、意思決定やアクションの迅速化を
実現できる。また、マーケティング施策にひも付く事業成果データの
公開範囲をコントロールしながら、最新データをモニタリングし、マー
ケティングを経営課題の一つとして捉えることが可能になり、マー
ケティング施策のみならず経営戦略や戦術の実行速度も上がっていく
だろう。

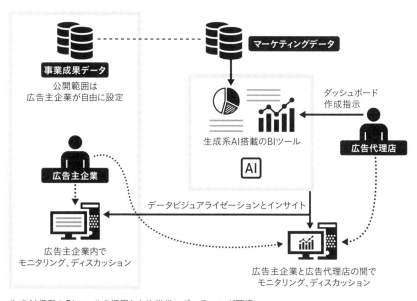

生成AI搭載のBIツールを活用した次世代レポーティング環境

7 マーケティングプロセスの あらゆるステップにAIを活用

マーケティングはエンド・ツー・エンドでAIドリブンへ

　AIは、マーケティングプロセスのあらゆるステップに入ってくることになる。特に、米アドビ（Adobe）が提唱する「コンテンツサプライチェーン」の考え方は広く普及する可能性を秘めている。

　コンテンツサプライチェーンは、マーケターの作業負担を軽減しながら顧客体験向上を図るアプローチの一つで、製造業におけるサプライチェーンマネジメント（SCM）と同様、マーケティングに使用するコンテンツについて、計画・制作・配信・分析の流れを可視化し、各プロセスの成果を数値で確認しながらマーケティング効率を高めていくことを示している。

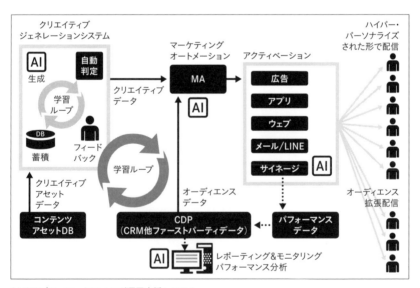

AIドリブン・マーケティング運用支援システム

132

　コンテンツサプライチェーンの概念を中心においた「AIドリブン・マーケティング運用支援システム」は今後開発が進むと思われる。

　AIドリブン・マーケティング運用支援システムにおいては、クリエイティブやコンテンツの生成、オーディエンスの拡張、ハイパーパーソナライゼーション、レポーティング＆モニタリング／インサイト提供のあらゆるポイントでAIが活用される。企業は、これまで実現が困難だったレベルのオーディエンス・ターゲティングやハイパーパーソナライゼーションを実現しつつ、コンテンツ生成、パフォーマンスモニタリング、インサイト特定などに費やす時間とリソースを削減し、より重要なことに集中できる。

誰がシステムをつくるのか

　AIドリブン・マーケティング運用支援システムは誰が開発するのか。海外の大手エージェンシーやコンサルティング会社はすでに名乗りを挙げている。

　英国の大手広告代理店WPPは、米半導体メーカーのエヌビディアと提携し、アドビやゲッティー・イメージズを含む3Dデザイン、製造、クリエイティブ・サプライ・チェーン・ツールのエコシステムを接続。WPPのアーティストやデザイナーがクライアントのブランドと完全に連携しながら、高品質の商用コンテンツを迅速、効率的かつ大規模な制作を可能にする生成AIベースのコンテンツエンジンを開発中だと発表した。

　米オムニコムグループは、マイクロソフトおよびOpenAIと組み、AIを用いたプラットフォーム「Omni Assist」を発表した。フランスの

広告代理店、ピュブリシスグループも同様にマイクロソフト/OpenAIと組み、「マルセル（Marcel）」を発表している。

　米アクセンチュアは、データおよびAI関連事業に今後3年間で30億ドルを投資することを発表。すでにアドビ、セールスフォース、グーグルなどとパートナーシップを組み、生成AIプロジェクトへの取り組みを推進している。

　AIドリブン・マーケティング運用支援システムは、今後、エージェンシーのビジネスの中核になっていく可能性を持っている。開発力を持たないクライアント企業からのニーズを取り込むことができ、何よりもクリエイティブ生成からオーディエンスデータまで取り扱うとなると、緊密なパートナーシップとなるので、クライアントとの関係性を深めることができる。

　一方、ブランドアイデンティティー、クリエイティブ品質、オリジナリティ、著作権、顧客データ保全などに独自のポリシーをもった一部の大手ブランド企業は、自社開発を推進し、インハウス化を強化する可能性もある。また、このようなブランド企業の観点からすると、エージェンシーが提供するシステムへの過度な依存はエージェンシーパートナーのスイッチングコストを高くすることになる。一定の距離感を維持したい場合は、インハウスのシステムに傾倒する可能性が考えられる。

必ずしも「全自動」になるわけではない

　生成AIは、素早く大量に画像、動画、テキストなどを大量に生成してくれる。コストと時間を圧倒的に削減できるメリットもある一方、

入力するテキスト次第でクオリティーは大きく左右され、すべてのアウトプットが高品質で、1ピクセルもズレがない"ピクセルパーフェクト"なものができるわけではないというデメリットもある。

　大量に生成されたものからハンドピックして使えないものを弾く作業は、逆にコストがかかっていまい、現実的ではない。AIが生成したものの良しあしを分析する「AI自動判定機能」が必要だ。これには一定のルールを設定し、継続的に学習させる必要があるほか、人間が介在して共感などの価値観を取り入れる必要がある。この人間参加型AIの実現については、次の節でも解説する。

AI時代にマーケターや企業に求められるものは?

1 AIとファーストパーティーデータのコンビネーションが重要に

マーケティング環境を変えるCookie規制

マーケターや企業にとって、今後重要な取り組みの一つになるのがファーストパーティーデータの蓄積だ。そのデータとAIを併せて活用することになる。

これは、Cookieを取り巻く状況の変化が大きな理由であるため、まずはその背景を説明する。Cookieは、簡単に言うと「ブラウザーに保存しておいた小さなテキストファイルをサーバーとやりとりする仕組み」のこと。Cookieには、訪問者が訪れたウェブサイトや入力したデータ、利用環境などの情報が含まれる。

Cookieには、ファーストパーティーCookieとサードパーティーCookieの2種類がある。訪れたサイトが発行するCookieは「ファーストパーティーCookie」と呼ばれる。第三者を意味する「サードパーティー」とユーザーの情報が含まれる「Cookie」からなるサードパーティーCookieとは、「訪れたウェブサイト以外の場所から発行されるCookie」のことだ。

　ファーストパーティーCookieは、ユーザーがログインしたままサイトを閲覧できるようにしたり、ユーザーの好みに合わせてサイトを表示したりするために使用される。

　一方、サードパーティーCookieは、ユーザーが閲覧したサイトの広告を、ユーザーが訪れた他サイトでも表示したり、ユーザーの興味に合った広告を表示したりするために使用される。また、アクセス解析や広告の間接的な貢献度を考慮した予算最適配分の取り組みであるアトリビューション分析でも活用される。ユーザーの行動を追跡することができるため、ユーザーの趣味や嗜好を分析することにも使われてきた。

　Cookieは、サイト表示の利便性の向上やマーケティングに役立つ半面、以下のような危険性がある。

1.盗難や共有デバイスでの情報漏洩
　（他人によるECサイトでの購入など）
2.ユーザーのプライバシー侵害（アクセス履歴の追跡）
3.Cookie情報の盗聴による不正ログイン
　（クレジットカードの不正利用や登録情報の改ざんなど）

　これに伴い、EU（欧州連合）におけるGDPR（一般データ保護規則）、米カリフォルニア州で施行されたCCPA（カリフォルニア州消費者プライバシー法）など、個人情報に該当する法規制が進んでいる。日本でも、2022年4月1日に改正個人情報保護法が施行された。Cookieは個人関連情報に該当することになり、個人関連情報の第三者提供には本人の同意取得が必要になった。

企業による自主規制としては、2020年にAppleがブラウザー「Safari」におけるサードパーティーCookieのサポートを完全廃止、2024年後半からグーグルがブラウザー「Chrome」におけるサードパーティーCookieのサポートを廃止することが決まっている。

ファーストパーティーデータがなぜ重要なのか？

　ChromeのサードパーティーCookieのサポート廃止後は、ファーストパーティーデータの重要性が高まると考えられている。

　ファーストパーティーデータとは、企業が独自に収集したデータのこと。例えば、顧客の氏名、住所、電話番号、メールアドレス、購入履歴、サイトやアプリの閲覧・行動履歴、ソーシャルメディアの投稿、顧客フィードバックやアンケート、企業のCRMにある各種データなどが該当する。

　ファーストパーティーデータは、企業が独自に収集した顧客に関するデータという性質上、データの信頼性は高い。また、ファーストパーティーデータは、企業が顧客と直接やりとりすることで収集できるため、顧客のニーズや要望を反映したデータでもある。

　顧客の挙動、行動、趣味、嗜好などのファーストパーティーデータを収集することで、360度の視点でプロファイルをしっかりと把握し、例えばLTV（顧客生涯価値）が高い顧客を特定したり、将来的にどこで購入に至るかという予測を立てたりできる。ファーストパーティーデータを使用して、企業は、顧客に対する理解を深め、パーソナライズされたマーケティングを実施することで、顧客満足度の向上、引いては収益の増加が期待できる。

ネット広告ではすでにターゲティングで活用が進んでいる

　ファーストパーティーデータは、マーケティングにおける有用性は非常に高いものの、弱点もある。企業によってはデータの総量や網羅性の部分でどうしても制約が出てくる。また、既存顧客のデータは集めやすいが、これから購入する見込み客のデータは集めづらい。

　そこでネット広告の世界では、機械学習を利用した「ルックアライク（Look-Alike、類似）オーディエンス」モデリングと呼ばれる、オンライン上で基になるターゲットグループ（シードオーディエンス＝ファーストパーティーデータ）に似た行動傾向や好み、興味・関心などの要素でオーディエンスを拡張して広告のリーチを増やす方法があり、Microsoft広告やGoogle広告、Facebook広告などで以前から広く採用されてきた。

　購入客と類似したオーディエンスが購入する確率は、類似していないオーディエンスよりも高くなるため、広告手法としては人気がある。しかしながら、基となるファーストパーティーデータがないと始まらないので、ファーストパーティーデータの蓄積、整備は非常に大切だ。

ハイパーパーソナライゼーションの原動力に

　先に説明したメッセージやショッピング体験などのハイパーパーソナライゼーションも、ファーストパーティーデータがないと実現できない。生成AIで大量にコンテンツを生成できても、それを個々人に効果的に届けるにはファーストパーティーデータが不可欠といっても過言ではない。

　今後はファーストパーティーデータとAIを掛け合わせたシステムが、

マーケティングの様々な場面で活用されていくだろう。そのため、AIで実現したいターゲティングやハイパーパーソナライゼーションを起点に、蓄積・活用すべきファーストパーティーデータの設計を考えていく流れになってくると思われる。

② AIによる急激なマーケティング環境の変化に備える

生成AIによって増殖するMFAサイト

生成AIがもたらすメリットは数多いが、ネガティブな影響を及ぼすケースもあることを、マーケターは常に意識しておく必要がある。「MFA」（Made for Advertising）と呼ばれる、広告収入が主目的の低品質なサイト群があり、そこで生成AIの導入が進んでいる。1日に数千本の記事を生成しているケースもあり、自動化が急速に進んでいる。

現在、大部分の企業はネット広告を出稿する際「プログラマティック広告」と呼ばれる仕組みを使って広告配信を自動化している。ターゲットしたいオーディエンスにリーチするために、広告プラットフォームは複雑なアルゴリズムを実行し、世の中に存在する様々なサイトの広告枠に広告を配信する。

しかしながら、低品質のコンテンツサイトなどへの配信を回避する方法は完璧ではない。これまでも、広告収入を得ることだけを目的として、低賃金で低品質のコンテンツを量産させる「コンテンツ・ファーム」が検索エンジンやネット広告の黎明期から存在してきた。その結果、広告主は聞いたこともないような低品質なサイトに無駄に広告料を支払い、資金を提供してしまっていた。

　そして今、コンテンツ・ファームやMFAサイトに生成AIが活用されることによって、さらに問題が大きくなっている。米国広告主協会が、2022年9月から2023年1月までの間に、21社の広告主会員を対象に実施した調査では、調査サンプル内の広告インプレッションのうち21％がMFAサイトに流れていることが明らかになった。

マーケターやメディアに悪影響を及ぼす可能性

　こうしたMFAサイトには、低品質なコンテンツ、誤情報を広めるコンテンツが混在している。そもそもよいユーザー体験を提供する目的で作られたものではなく、インターネット全体の質に悪影響を及ぼしている。

　マーケターは、広告費に無駄が生じている可能性があること、低品質なサイトに広告が掲載されることでブランド毀損のリスクがあることを理解する必要がある。

　あなたがメディア・媒体社側にいる場合は、MFAサイトがインターネットを猛スピードで侵食し、そうしたサイトへ広告主の広告費が流れることで、売り上げが低下する懸念があり、長期的にはメディアやネット広告自体への信頼低下につながる認識を持っておきたい。

　MFAサイトは、生成AIの高い利便性と爆発的な普及力を示したほんの一例だ。画期的な技術は、悪用される可能性を伴うものであることをマーケターは留意すべきだろう。

3 AIとの共創ができるマーケター人材の育成

人間参加型AIを実現するHuman-in-the-loop

　AIによってマーケティングは大きく変わりそうだ。だが、マーケティング業務のすべてをAIが100%自動で正解を導いてくれるわけではない。AIは万能ではないので、得意なこと、不得意なことを理解した運用が求められる。

　さらに、AIが適切な結果を導き出すには、修正・微調整が必要になる。この課題を人間とAIの共存により解決しようとするアプローチがHuman-in-the-loop（HITL）だ。[18] HITLは、機械学習アルゴリズムやAIシステムの性能を向上させるために、人間の専門知識、判断力、経験を取り入れる手法のこと。日本語では、人間参加型AIとも呼ばれる。

　マーケティングは従来のAIと生成AIの両方を活用するシーンが多いので、両方の基本的な動作原理と概念を理解する必要がある。そして、どのように使い分け、どこで人間が参加するかについても理解しておくことが求められる。

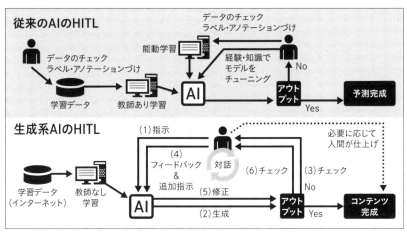

従来のAIおよび生成AIのHuman-in-the-loop
出所：アタラの資料から

AIと人間の役割分担を考える

　例えばマーケターであるあなたとしては、広告や販促がどのように売上高などのKPIに影響を与えたか、その効果を把握したいところ。だが、生成AIにはこれができない。

　広告効果測定には特定の時系列モデル、または特定の機械学習アルゴリズムが一般的に用いられる。例えば、特定の機械学習アルゴリズムを活用する場合、まず、学習データに含まれるエラーやノイズを除去したり、不足している情報を補完したりする。さらに、AIが間違ったデータに対して、人間がラベルやアノテーション付けの作業を行い、

AIに再学習させる。AIのアノテーションとは、AIモデルがデータを理解し、そのデータから学習できるようにするためのデータに対するラベル付けやマーキングのことを指す。そして、AIの出力が適切かについても人間による確認・判定を行う。これらはデータサイエンティストなどが行う専門領域だが、マーケターの知識や経験が必要な場面も多い。

　一方で、生成AIは自然言語処理に特化しており、教師あり学習と教師なし学習の両方を組み合わせたAIモデルだ。特にテキスト生成、画像生成、動画生成、音声生成など、新たな内容を、文字通り「生成」するタスクに適している。0から1を生成するといってもいい。

　その学習プロセスは、大きく分けて2つのステージがある。1つ目のステージは「事前学習」、2つ目が「微調整」だ。

　1つ目の事前学習では、教師なし学習が用いられる。GPTはインターネットから得た大量のテキストデータを使用して、言葉の意味、文法、事実、論理的な関連性などの言語のパターンを学ぶ。このステージでは、GPTは次に来るべき単語を予測するように学習する。

　2つ目の微調整では、教師あり学習が用いられる。このステージでは、人間によって作られた対話データセットを使ってモデルが微調整される。対話、修正、チェックを繰り返す、このフィードバックループを経て、最終的にはコンテンツが生成される。

　いずれのケースにおいてもAIがアウトプットを出すわけだが、正解や選択肢を出すのではなく、圧倒的な実行スピードで、豊富なパターン出し・案出しをしてくれると考えるといいだろう。それに修正をし

たり、仕上げをかけ、磨きをかけたりするのはマーケターの仕事だ。

このように、機械学習アルゴリズムやAIシステムの性能を向上させるために、マーケターの専門知識、判断力、経験を生かすことで、AIを強力な「共創パートナー」または「共創アシスタント」にし、マーケティングプロフェッショナルの仕事を大幅に効率化し、よりよい結果を出す可能性を高めることができる。

AIの基本動作を理解した上で、AIとの共創機会を作り、経験を積んでいく。そのことで、AIとの共創ができるマーケター人材を育成していくことができるのではないだろうか。

４ 人にしかできない仕事を理解し伸ばす
AIによってマーケティング職は奪われてしまうのか

AIは万能ではない。それでも、生成AIを使っていると、問いに対してあまりにもまとまった回答を返してくれたり、今まで見たことがないような画像が生成されたりすると「人間の仕事はなくなるのでは」「どこで人間は活躍できるのだろう」と思いがちだ。

Google China元社長でAI研究の第一人者であるカイフ・リー氏は、社会的スキル、特に共感力、そして創造性を両方必要とする職業の仕事はAIには代替できないと予測している。[19] そして、広報/マーケティングディレクターの仕事はこれに含まれる職業の一つと説明している（その他はCEO、M&Aエキスパート、コンシェルジュ、ソーシャルワーカー、芸能人、キャリアカウンセラーなど）。

人間の行動や意思決定には感情が強く影響するが、AIは感情的なコンテキストや共感を理解するのが難しい。

AIは自然言語処理の進歩により、一定レベルの対話を可能にしたが、複雑な感情の表現や対人関係の構築にはまだ限界がある。人間同士の会話には感情、ニュアンス、社会的スキルが含まれることがあり、それらをAIが完全に理解した上で対話することはできない。

　さらに、倫理的な問題に対する判断は複雑であり、しばしば文脈や道徳的価値観に依存する。倫理的なジレンマを解決するためには、人間の判断や倫理観が必要だ。そこをAIが担うことはできない。

現実社会で必要とされる柔軟な対応にAIはまだ対応できない

　また、現実世界でのAIの適応力はまだ限定的だ。複雑な環境での即興的な対応や新しい状況への適応は、人間の柔軟性と経験、場合によっては勘に頼る部分が大きい。

　自分が広報・マーケティングディレクターだとしたときに、こんな状況に直面することはないだろうか。

・クライアントとの対話の中から新しいクリエイティブの方向性についての微妙なニュアンスをくみ取り、創造的発想と戦略へ落とし込んだ。
・仕上がってきたクリエイティブ案に、人種差別を示唆する可能性があるものを発見したので排除した。
・危機管理マニュアルで想定していなかった突発的な問題が発生し、クライアントのブランドイメージ低下を最低限に抑えるべくクライシス対応を迅速に行った。など

　創造性や戦略性に加え、共感力/対人関係、対話/コミュニケーション能力、チームワーク、問題解決能力、コンフリクト解決を中心とした社会的スキルは人間が担い続ける。AIは、着想から戦略立案、施策

の最適化に役立つ代案、拡張案、新案を提示してくれる、頼もしいアシスタントとして役割を果たすだろう。

*14　Experimental evidence on the productivity effects of generative artificial intelligence

*15　The Economic Potential of Generative AI - The Next Productivity Frontier

*16　電通「日本の広告費（各年）」をもとに作成

*17　Connecting with meaning - Personalizing the customer experience using data, analytics and AI

*18　Lage, Isaac, Andrew Slavin Ross, Been Kim, Samuel J. Gershman and Finale Doshi-Velez. "Human-in-the-Loop Interpretability Prior." NeurIPS (2018).

*19　「AI2041」（文藝春秋）カイフー・リー、チェン・チウファン（著）、中原尚哉（翻訳）

生成AI×マーケティング

人にしかできない感性、
正しい問い立てがカギ
IDに豊富な情報を提供
される信頼獲得が重要に

▶語り手◀
『ジェネレーティブAIの衝撃』著者
ま ぶ ち く に よし
馬渕邦美氏
グローバル コンサルティングファーム
パートナー 執行役員
一般社団法人Metaverse Japan 共同代表理事

▶聞き手◀
Microsoft Advertising
Japan
あ り ぞ の ゆう いち
有園雄一氏

有園雄一（以下、有園）：馬渕さんの『ジェネレーティブAIの衝撃』を拝読して、今回のテーマにぴったりだなと思いまして、お声掛けさせていただきました。

　僕は、生成AI（ジェネレーティブAI）の登場は色々な意味で絶好のチャンスではないかと思っています。しかし、世の中には「そうではない」「ピンチだ」との見方も多い。馬渕さんは、生成AIで何が変わるとお考えですか。

馬渕邦美（以下、馬渕）：私も生成AIはものすごく大きなチャンスだと思います。インターネット、スマートフォンに続く第3のテクノロジーの波がやってきたと。

　生成AIはゲームチェンジャーです。例えば、ビッグ・テック（Google、Amazon、Facebook、Apple）などの多くはスマホの勃興からビジネスが拡大しています。スマホという、第2の波である大きなテクノロジーチェンジが起こり、人々の生活や考え方など色々なものが大きく変わった。その波に乗って成長してきたわけです。そして現在、生成AIという第3の波が登場したことで、また新たなゲームが始まったと思います。

　日本は第2の波であるスマホで勝てなかった、乗り切れなかった。だから、この第3の波である生成AIがやってきたところで勝負をかける必要があるし、大きなチャンスがあると思っています。

　マーケターにとっても、すごく大きなチャレンジが生まれました。マーケター目線で言うと生成AIは、紙、モニター、スマホの画面に続く4番目のインターフェースです。

　ChatGPTのMAU（Monthly Active Users）は、X（旧Twitter）以上に伸びています。ここ数年間、新しいプラットフォームはTikTokぐらいしか出てきていませんでした。今、生

成AIが新たなプラットフォームになり、皆が使うインターフェースやアプリケーションになってきた。それを使ってこれから何をするのか、大きなチャレンジであり、チャンスがあると思います。

有園：チャンスがあるということですが、"生成AIによって雇用が失われる"といったこともよく言われます。これは産業革命以降の歴史の話にも通じると思いますが、"失われる雇用はあるが、増える雇用もある"といった話ではないかと思います。失われるネガティブなインパクトがあるとして、それ以上の、プラスのインパクトはあるのでしょうか。

馬渕：これについては3つのことが言えるでしょう。まず、雇用が失われるというよりも"なくなる仕事がある"ということ。2つ目は、今までやってきた事務的な仕事が、すべて"オートメイテッド（自動化）"されていくようになることです。

　　　そして3つ目は、雇用が失われるという表現は正しくないということです。生成AIのパワーは、生産性を大幅に向上させるものだと思います。だから"AIがあなたの仕事を奪うのではなく、AIを使いこなしている人が、あなたの仕事を奪うかもしれない"というのが、正しい表現であると思っています。

有園：例えば、20世紀初頭のニューヨークでは馬車が多く使われていて、それを扱う仕事をしている人たちが大勢いた。それが、自動車のフォードT型が登場したことにより馬車が減り、皆いなくなってしまったという話に近いですね。この話で言えば、馬の仕事から車の仕事に乗り換えればよかったということになるわけですが。

馬渕：そうですね。最初に話したように、インターネットの登場と普及によって仕事のやり方がずいぶん変わりました。それでなくなった仕事もあるけれど、新しく生まれた仕事もあります。

　こうした大きなテクノロジーの波が起こったときに考えるべきことは、それによってどんな変化が起こり、その中で自分は何をすべきなのかということです。仕事がなくなるわけではなく、生成AIの大きな波の中で、これを使いこなす人がその仕事を奪っていく可能性がある。だからこそ、AIを使いこなしていくことが大事だと思います。

有園：日本にとってのビジネスチャンスはどこにあると見ていますか。

馬渕：チャンスという意味では2つのことが言えます。ひとつはすべての分野におけるAIのビジネス実装、宿題のようなもの。もうひとつは生成AIを使うことによるチャンスです。

　まず宿題についてです。例えばLLM（大規模言語モデル）は色々あります。OpenAIはもちろん、メタやグーグルのものなどがある。これからも色々なものが登場して選択肢は広がっていくでしょう。

　しかしこれを日本でやろうとすると、まず計算機のリソースが足りないという問題があります。そして生成AIを使いこなすためのクラウド環境、マイクロソフトが提供している「Microsoft Azure」など、そしてAIアプリケーションのユースケース実装ですね。それらがまだ足りていないので、これを拡大する必要がある。たくさんの課題がミルフィーユ状に積み重なっている。

　そこで日本政府は、例えば生成AI向けのGPUクラウドサービス設備をつくることに対して半額補助するという政策を素早

く打ち出した。今、日本政府は非常にテクノロジーフレンドリーになっています。新しい時代に備えるために政府としてやるべきことが非常にクリアになっている。そのため、これらの宿題が解かれていく可能性は高いと思います。

そして生成AIを使うことによるチャンスですが、これから色々なビジネスケースごとの使いこなしが進むでしょう。現在の大規模言語モデルは、技術者すらよく分からなかったような理論で動き、大量のデータを与えると爆発的な成長が見られ、それを色々な人たちが様々な目的で使っている状況です。そしてこれからは、業界ごとに特化した大規模言語モデルのようなものが出てくるでしょう。そしてそれがものすごく大きなチャンスにつながると思います。

それは、日本が「課題先進国」(世界に先駆けて多くの課題を抱え、それを解決しようとしている国)だからです。生成AIは道具です。この道具で社会問題やビジネス課題をどう解いて

いくのかというのが大事なことであり、これには課題が多い方が強いんです。

　世界的な課題なら地球温暖化があり、日本なら地方をどうするのか、人口減少や高齢化をどうするのかといった様々な課題があります。ビジネス課題でいうと、日本が先進的に持っている力。例えば製造業や高齢化に即した高度な医療などにAIを組み込んで進化させていくと、それが日本の競争力につながっていく可能性がある。こうした課題解決に大きなチャンスがあると思います。

有園：**今年（2023年）7月には、Microsoft Azureの東日本リージョンで「Azure OpenAI Service」が実行できるようになり、機密性の高い情報の処理が国内だけでできたり、より低遅延で生成AIを利用したりできる環境が整った。マイクロソフトとしては、日本の生成AIの利用を全力でサポートしていくという考えです。**

　これまであまりDX（デジタルトランスフォーメーション）が進んでいませんでしたが、政府は今、一気にキャッチアップするチャンスだと見ている。人口減少が進むなかで国として効率化していく課題があり、こうした課題があるからこそ対応しようとするニーズが生まれる。課題先進国というのは、チャンスがある国であるということですね。

馬渕：例えば医療なら、AIは人体全体をシミュレーションして治療に役立てたり、たんぱく質をシミュレーションして病気の原理を解明したりワクチンを開発したりといったことに使われています。それは人類の進化にとっても、日本の高齢化医療にとっても大いに役に立つでしょう。こうしたところにAIをどんどん導

入していくことが、日本の勝ち筋ではないかと思います。

**有園：それではマーケティングや広告といった領域について伺わせて
ください。もうすでにクリエイターの人たちが道具としてAIを
活用するようになり、クリエイティブの領域は大きく変わって
きたと思います。それとは別に、ビジネス領域でもAIによるチ
ャンスはあるのではないか思うんです。**

馬渕：ざっくり言うと、数字で管理する部分が多い広告運用や、ある
種のクリエイティブ、例えば基をつくっておいて媒体ごとに少
しずつ変えて複製していくデュプリケーションのような仕事は、
AIによる効率化で不要になり、AIを使いこなす人に取って変
わられる可能性が高い。だからこそ、マーケターの人たちには
生成AIを使い倒してほしいと思います。そうしないとその先が
見えてこない。

　マーケターのやる仕事は大きく変わっていくと思います。最
後に問われるものは〝正しく問いを立てられるか〟ということ
に尽きるでしょう。

　マーケティング活動において、どういった人たちがターゲッ
トなのか、そこにどうやって届けるのかを、〝正しい問い〟とし
て立てることがすごく大事です。生成AIは会話形式で色々なこ
とができ、定例的なこともやってくれますが、正しい問いがな
ければ間違った答えをしてしまいます。生成AIは意思を持って
いないんです。これからは正しい問いを立てることがますます
重要になっていくでしょう。

有園：では、その正しい問いを立てるにはどうしたらいいのでしょう。

馬渕：それは、より人間らしい事柄や知覚の問題になると思います。人間とAIの大きな違いは、身体性や知覚の有無です。人間にしかできないリアルな体験と、それによって得た様々な記憶、人間同士の会話などを通じて得られる、"この場合は、こういうことが響くよね"といった感覚は人間にしか分かりませんし、体験を通じてでしか得られないでしょう。だから、より体験を積んで、より感覚を磨いていくことが必要になると思います。

有園：正しい問いを立てるということは、業界的にはプロンプトエンジニアリングの話で、"プロンプトをちゃんと入力しないと、生成AIが思うような答えを返してくれない"といった話になるかと思います。この、正しい問いを立ててプロンプトを入力する作業は、AIの技術的な知識は不要で、テクノロジーの勉強はそんなにしなくても大丈夫とも言えます。

　それで、馬渕さんがおっしゃった身体性や人間にしかできないコミュニケーションの話から「生成AIとは何か」と考えたとき、「巨人の肩に乗る道具」が私の答えになります。巨人とは先人の積み重ねた発見のことで、生成AIの場合の巨人とは、知的財産のような意味合いです。その肩にどう乗るか？　巨人に問いかけができるか？　そう考えると、人間の感性はデータ化できないものもあるなと思うんです。

馬渕：巨人の肩に乗る道具というのは、言い得て妙だと思います。身近な例で言うと、例えば部下がいてこの仕事をやってほしいと言うときにブリーフィングをしますよね。そのとき、部下がどういう人で、どういう立場で、どう表現すれば自分の考え方が伝わるかと考えて話すでしょう。そこがすごく大事な知覚の部

分です。ただ単に、スクエアに話をすればうまくいくというとそうではない。

　誰に、何を、どう伝えるのか。仕事がうまいタイプの人は、そこをちゃんと考えて一人一人に仕事を渡し、それが返ってくるんだと思います。生成AIも、どういうプロンプトを出せばちゃんと答えが返ってくるのかを考える前に、膨大な経験や感情の流れを読む力の積み重ねが必要ではないかなと。

有園：私は、生成AIはまだまだ発展途上だと思っています。生成AIは書籍やインターネットにある過去のデータに基づいたものですが、データ化されていない、それこそ圧倒的な量の感性、知覚、五感といったものがある。先ほどの例で言えば、部下が3人いて全員に同じ仕事をしてほしいと思っても、指示の出し方は部下に合わせてそれぞれ違ってくる。

馬渕：マーケターの仕事は、まさにそういうことじゃないかと思います。そうした本質的な部分に戻っていくのではないかと。

　例えば、「こういうクリエイティブで、こういう組み合わせで、こういう媒体で展開して……」といったルーティーンワークは、8〜9割ぐらい生成AIに置き換わるだろうと思います。大事なのはその前段の部分です。コンセプトをつくったり、どんなクリエイティブが響くのかを考えたりといったマーケティングの本質的な部分は、人間がやるべき領域としてまだまだ残るだろうと。

有園：そうした領域は、人間にしかできないと思います。

馬渕：生成AIは脳の階層構造のようになっているでしょう。大脳皮質

のような、新しい知識を取り込んで判断していく領域が生成AIだと思います。人間の根源的な、動物的な部分は全然カバーしていないので、当然そこは人間的な領域として残る。

有園：ちょっと話は戻りますが、プロンプト入力するときに問いの立て方さえ上手であれば、誰でも使いこなせて、絵心がない人でもイラストや動画をつくれるようになる。

　今まで広告代理店のクリエイティブディレクターは、様々な専門家を相手に絵コンテやイラストなどを発注してきましたが、クリエイティブセンスがあまりなくても、生成AIに対してクリエイティブディレクションができれば、クリエイティブディレクターになれてしまう。

　さらに、クライアントの課題をきちんと理解して課題解決の道筋を考えられる人なら、クリエイティブディレクター兼マーケティングディレクターも不可能ではなくなります。最初におっしゃった、生成AIを使いこなす人が既存の仕事を奪っていくかもしれないというのは、そういう話ですよね。

馬渕：そうですね。個人のプロダクティビティーが爆増するのは間違いありません。例えば、ちょっとした文章を書くのに今まで30分かかっていたものが、生成AIに基になるものを書かせてそれを手直しして出すようにするだけで20分ぐらい節約できる。これだけでもプロダクティビティーは上がっています。使いこなせる人は圧倒的な効率化ができる。

有園：私の仕事の一つで、マイクロソフトの検索サービス「Bing」に、GPT-4を基にした生成AIを組み込んだチャット機能を提供しており、その中で広告の展開をしています。誰でも無料で使え

ます。

　この機能を試してみて思ったのは、返ってきた文章の7〜8割はこのまま使ってもいいけれど、そのまま完成原稿としては出せないなということです。AIに対してクリエイティブディレクション、マーケティングディレクションをしても、あくまで最終判断は人間がする必要がある。どの領域もそうなると思います。

馬渕：その判断がすごく大事であり、判断基準はその人が積み重ねてきた経験や体験による部分が大きいでしょう。生成AIが進化していくと、おそらく人間の方がファジーな存在になっていく。そのファジーさをどう取り入れていくのかという話になると思います。

有園：最終的には、道具として使いこなす側が判断しないといけない。3人の部下の話も、そうした判断をしているわけですよね。この人にはストレートに話した方がいい、この人にはくどく話した方がいい、この人にはちょっと周りくどくカーブを投げた方がいいなど。相手を見てそういう配慮をして判断する能力は、生成AIにはない。

馬渕：そうですね。コピーライターやメディア担当、アート担当、Webデザイナーなど色々な人がいて、それぞれに指示を出していくのがマーケターだと思います。結構なオーケストラレーションです。その中でマーケターとしてのマインドや戦略を伝えていくわけですが、まず、何を伝えるべきかをしっかり判断して持っていないと正しく伝わらないし、全体としてまとまらない。そこの部分をどれだけ磨き込めるかが、勝負を分けると思います。

有園：以前、ある人から「AIには、真・善・美の判断ができない」と言われたことがあります。

　例えば、検索エンジンの結果は、アルゴリズムによって判断されていて、その中核を構成しているのはレレバンシー（関連性）ですが、関連性という基準を与えてチューニングしているのは人間であり、その基準を与えない限り、AIが検索結果に順位を付けて並べることはない。善悪も美しいかどうかも、人間が基準を与えない限り判断できない。

馬渕：ChatGPTでも結果について「良い」「悪い」の判断マークがついていますけれど、ああいった利用者からのフィードバックを大いに参考にしているそうですね。

　検索して出てきた文章が良いか悪いか、倫理的にどうかなどに人間のフィードバックが生かされている。生成AIが成長してきて、よくない答えが出てこなくなってきたのは、そうしたフィードバックを取り込んでいるからですよね。

有園：人間の器や基準は人によってそれぞれ違うけれども、フィード
　　　バックを積み重ねていくことで、生成AIが社会的なアベレージ
　　　や一般常識を学んでいく。そのために常に人間からのフィード
　　　バックを回していかないといけない。

馬渕：人間とAIが"共創"していく社会になってきましたから、人間
　　　からの評価をうまく取り入れていかないとAI自体も進歩しない。
　　　いかに人間がインプットしていくかということになってくる。

有園：共創という言葉がありましたが、ビジネスチャンスとして、人
　　　間と生成AIが共につくれるものとしては何があるのか、そのと
　　　きどんな課題があるかと思いますか。

馬渕：色々なものがあるでしょう。日本でいうと、AIを使ってリア
　　　ルなものを動かしていくことにチャンスがあるんじゃないかな
　　　と思います。例えばロボットですね。生成AIで会話ができた
　　　り、介護をしてくれたりとか、そういったものができると思う
　　　んです。
　　　　日本は、デジタルでは超負けてしまったわけですけど、その
　　　前の物づくりでは大変強かった。世界一と言える強みがあった
　　　わけで、それをうまくAIとつなげていくことで圧倒的に強くな
　　　れると思うんです。
　　　　例えば、人手が減っていくなかで、生成AIを大いに使った、
　　　色々な人をアシストしてくれるロボットをつくれると思います。
　　　競争していく領域としてはすごく面白いし、日本の社会課題解
　　　決にもつながっていく。

有園：シリコンバレーでは、有望なAI活用の一つとして、「AIアシス

タント」や「AIコンシェルジュ」といわれるパーソナライズされたAIが挙がっているそうです。

　それを聞いて、日本人的にいえば「ドラえもん」だなと。ドラえもんはロボットであり、今風に言えば、おそらく生成AIが組み込まれているからしゃべることができる。そして、のび太くんの横にずっといて助けてくれる。これはもう、AIロボットアシスタントだと思ったんですね。

馬渕：OpenAIのサム・アルトマン氏は、もう完全にそういったAGI（汎用人工知能）をつくることを目標にしているようですね。今の生成AIはかなりそれに近いインターフェースになってきている。以前はプログラムができるような人でないと使えなかったAIが、会話ベースで縦横無尽に使えるようになった。これがさらに進化していったときに、パーソナルアシスタントはすごく有望な領域としてあると思います。

有園：パーソナルアシスタントは、インターネット広告やデジタルマーケティングにも関連があると思います。現在の主流は、サードパーティーCookieをベースに行動履歴や閲覧履歴などを収集して、その人の趣味嗜好とかに合っていそうなものをターゲティング広告として出したり、メールマガジンとして送ったりといった発想です。ドラえもんで言えば、のび太くんのことを十分理解しているからこそ、アシスト、サポートができる。

　ただ、パーソナライゼーションは個人情報保護と関わってきます。

　例えば、アプリと連携した鏡付きの美顔器があって、顔を映すと肌の状態などを把握して、その人の状態に合わせた化粧品を提案してくれたりするサービスの場合。そのメーカーやブランドを信頼しているのなら、個人情報を預けてきちんとケアし

てもらう方が幸せかもしれない。しかし個人情報保護の問題が立ちはだかります。きちんと法律を順守しながら、こうした壁を突破してサービスを提供していくにはどうすればいいのか。

馬渕：パーソナライゼーションは、AIやシステムが広告によってゆがめられてしまうとマイナスでしょうね。

　　例えば、AIアシスタントにおなかが空いたと言ったら、とある焼肉店の案内をされたとします。しかし、これは焼肉店の広告によってAIの思考がゆがめられているのかもしれない。こうなると、AIがどこまで本当のことを言っているのか分からなくなってしまう。

有園：**それは、今のインターネット広告の現状に近いですね。**

馬渕：そこは、いかに透明度を持たせるかっていうことが必要だと思います。

有園：**私は子供2人に持たせているスマホに、ペアレンタルコントロールをかけています。年齢に応じて暴力的なコンテンツなどが表示されないようにしてくれるのですが、これは提供者に名前や生年月日といった個人情報を渡すことで子供に合わせたパーソナライゼーションが提供される。提供者を信頼しているからできることです。**

　　AIアシスタントの問題も、ブランドの信頼性の話になってくるのではないか。EU（欧州連合）のGDPR（一般データ保護規定）の影響でサードパーティーCookieが使えなくなりますから、信頼性を得てIDをつくってもらうことがますます重要になると思います。

馬渕：そうですね。自分のデータがどう使われているのか、それを自分でトレースできて自分でコントロールできるかどうかということと、プラットフォームの信頼性の組み合わせなのかなと思います。よく分からない人に自分のデータを渡したくないし、ある程度信頼できても、自分のデータは自分で管理したいですから。

有園：企業が生成AIを自社サービスに組み込んで、ユーザーとコミュニケーションを密にしようとすればするほど、IDが重要になるでしょう。

　　　例えばマイクロソフトのサブスクリプションサービス「Microsoft 365」は、クレジットカード払い、かつ法人ユーザーが多いので、本人確認、勤務先確認ができている。IDに含まれる情報が豊富です。契約時に身分証を確認している銀行や携帯電話キャリアはさらに情報が豊富でしょう。こうしたIDを持っている企業が、生成AIでユーザーとコミュニケーションを深める際に、有利になるはずです。

　　　一方、ユーザー数は膨大でも、中身がメールアドレスだけで性別も年齢も名前も分からなければ弱いIDということになります。メールアドレス1つで簡単につくれるIDはなりすましも多いですから。マーケティングで生成AIを使いこなすうえでの課題はこだと思います。多くの日本企業が、弱いIDしか持っていない。

馬渕：KYC（本人確認）でいうと、アルトマン氏が暗号資産（仮想通貨）プロジェクト「ワールドコイン」をスタートさせましたが、専用機器で目の虹彩をスキャンすることで本物の人間だけが取得できる、「ワールドID」と呼ばれるアカウントを使うんです。生体認証でブロックチェーンを管理している。キラー的な個人KYCの方法として、これを基に様々な個人IDがひも付けられ

る可能性が高い。

　これからの時代、生成AIに加えて、メタバースのXR（クロスリアリティー）的な革命、ブロックチェーンの3つのキーテクノロジーがあると思います。例えばメタバースでアバターが使われると誰だか分からないので、個人のアイデンティフィケーション（同一であることの証明）がとても大事になる。こうした問題が、アルトマン氏の取ったような方法で解決されていく可能性がある

有園：**生成AIをビジネスチャンスにするには、ユーザーIDをきちんと管理すること。そのためには、ブランドの信頼性が必要です。**
　　　今、SNSでは偽の広告やフェイク動画がたくさん流れていて情報の信頼性が問われています。そうした中でブランドの信頼性を獲得し、ユーザー側から個人情報を提供してもらうには、ブランド側がIDの認証をきちんとする必要がある。ブランド側とユーザー側の双方のIDの管理が重要になるだろうと思います。

馬渕：生成AI時代のブランドのあり方を、しっかり考えないといけないということですね。そのためには、まずそれをコントロールしている企業側の人間やマーケターの方々が生成AIをめちゃくちゃ使い倒すことです。生成AIの流れに乗って使いこなし、その世界の中でキャリアや生きる力を構想していけるかどうかが問われる。
　　　マーケターは、どちらかと言えばテクノロジーが苦手な方が多いでしょう。昔ながらの職人気質なところがあるのはいいですけれど、そういった面は一切捨てて、生成AIに取り組んでいくことが大事じゃないかと思います。

（文／湯浅 英夫）

馬渕邦美 （まぶち・くによし）氏

**グローバル コンサルティングファーム
パートナー 執行役員
一般社団法人Metaverse Japan共同代表理事**

大学卒業後、米国のエージェンシー勤務を経て、デジタルエージェンシーのスタートアップを起業。事業を拡大しバイアウトした後、米国のメガ・エージェンシー・グループの日本代表に転身。4社のCEOを歴任し、デジタルマーケティング業界で20年に及ぶトップマネジメントを経験。その後、米国ソーシャルプラットフォーマーのシニアマネジメント職を経て現職。経営、マーケティング、エマージングテクノロジーを専門とする。一般社団法人人工知能学会正会員。著書に『データ・サイエンティストに学ぶ「分析力」』（日経BP、2013年）、『ブロックチェーンの衝撃』（日経BP、2016年）、『東大生も学ぶ「AI経営」の教科書』（東洋経済新報社、2022年）、『Web3新世紀　デジタル経済圏の新たなフロンティア』（日経BP、2022年）、『ジェネレーティブAIの衝撃』（日経BP、2023年）がある

有園雄一 （ありぞの・ゆういち）氏

Microsoft Advertising Japan

早稲田大学政治経済学部卒。1995年、学部生時代に執筆した「貨幣の複数性」（卒業論文）が「現代思想」で出版される。2004年、日本初のマス連動施策を考案。オーバーチュア、グーグル（SalesStrategy and Planning／戦略企画担当）、アタラ合同会社COOなどを経て現職。2004年、検索キーワード入りテレビCMを考案、日本で最初にトヨタ自動車「イスト」CMが採用。2014年、Dual AISAS Model®を提唱。テレビ朝日の番組「＃モデる」では番組企画を支援し、DualAISAS Model®を利用して、「テレビ番組-テレビCM-SNS-ウェブサイト-EC/店舗」の連携を意図したコミュニケーション設計を行う。2016年〜現在、zonari合同会社 代表執行役社長。2016〜19年 電通デジタル客員エグゼクティブコンサルタント。2018年 アタラ合同会社フェローに就任。2018年度 電通 電通総研 カウンセル兼フェロー。2020〜21年 ビービット マーケティング責任者。2019〜22年、電通総研パートナー・プロデューサー。2022年8月から現職

生成AI
マーケティング革命:
新たなビジネス戦略
の再定義

第1節

生成AIが生み出すマーケティングの新次元　何が変革するのか？

1 顧客体験の再定義：生成AIがつくり出す新たなリアリティー

　テクノロジーの進化によって社会は日々変化している。現在、注目されているのが「生成AI」の進化だ。それは顧客体験の質を向上させ、ビジネスを成功に導く確度をアップさせるだろう。

　アクセンチュアの調査によると、高品質な顧客体験を提供する企業は、それを提供しない企業に比べて平均で6%高い収益成長を達成している。このデータは、顧客体験の向上がビジネスの成果に直接的に関連していることを示している。

　これまで市場では、ユーザーは企業が提供するパッケージ化された製品・サービスを一方通行で受け入れてきた。これには大きな問題点が潜んでいる。ユーザーニーズの多様性や個別性が十分に反映されていないためだ。企業は大衆向けの製品・サービスを提供することが主流となり、個々の顧客の要求や期待に十分に答えられていない。

　ここで、生成AIの可能性が浮上してくる。ユーザー個人のパーソナルAIが独自のニーズを製品・サービスに反映してカスタマイズが可能となるため、真の顧客中心の体験を実現できる。この新しいアプローチは、今までのマスマーケティング、デジタルマーケティングの思想とは一線を画すものだ。

　では、生成AIによって顧客体験をどのように変革するか。生成AIは、データを基にしてユーザーの要求や行動を予測し、瞬時にカスタマイズされた情報やサービスを提供する能力を持っている。

　例を挙げると、動画サービス「Netflix」の映画・ドラマの推薦システムや、音楽配信サービス「Spotify」の音楽プレイリスト生成は、このアイデアに基づいている。これらのサービスは、ユーザーの過去の行動や好みを分析し、それに基づいて個別にリコメンドすることで、高い顧客満足度を実現している。

　Netflixは、視聴履歴や好みに基づいてユーザーごとにお薦めのコンテンツをAIで提示し、生成AIでコンテンツまで作成している。これによってNetflixは、月間平均視聴時間を前年比20%増加させている。
　Spotifyでは、ユーザーの聴き取り履歴を基に、AIを利用して個別のプレイリストを自動生成している。このようなアプローチによって、ユーザーは自らの好みに合った音楽を発見できる。

　ファッション分野では、米スティッチ・フィックス提供のパーソナルスタイリングサービス「Stitch Fix」が、生成AIを使用してユーザーの好みに合わせた衣服を提案しており、顧客から高い評価を受けている。画像生成AIを使ってリコメンド画像も生成している。

　また、米アドビの各製品で利用できる生成AI「Adobe Sensei」は、デザインや写真編集の際にユーザーのニーズに合わせたツールやフィルターを自動提案している。これによりユーザーはよりクリエイティブな作業に集中することができる。

生成AIは仮想空間やAR、VR技術と連携して、新しい顧客体験を生み出している。

例えば、家具販売の世界最大手、イケアが提供する3Dスキャンツール「IKEA Kreativ」は、ユーザーがスマホで部屋をスキャンし、仮想空間上に家具を仮想的に配置して部屋の空間全体をデザインできる。同社が買収したARスタートアップGeomagical Labs が持つ、空間コンピューティング、機械学習、3D 複合現実テクノロジーを活用することで、光と影が家具の質感に与える影響まで可視化されるため、顧客は商品購入前に商品のフィット感を確認できる。

配置した家具はECサイトと連携してカートに追加されるなどシームレスな体験を提供し、人々がより良い在宅生活を想像できるようなサービスを提供している。

実際に、IKEAのAR/VRアプリのユーザーはエンゲージメント率が向上し、非ユーザーに比べて購入確率が27%高く、返品率が30%低下した。

「IKEA Kreativ」
出所：2023年2月13日の同社ニュースリリース

　このように、生成AIは顧客体験の再定義を促進し、ブランドと顧客との関係を深化させる役割を果たしている。企業はこの新技術の取り入れをもはや迷う段階ではない。いち早く波に乗ることで、競争力を強化し、新たな市場や顧客層を獲得するチャンスを得られるだろう。

　一方で、倫理的な側面やデータプライバシーの問題も考慮する必要がある。これからのマーケティングは、顧客の心をつかむだけでなく、その信頼を保持し続けるための努力がより一層重要になる。

　このような変革の中で、企業が持続的に成長していくには、生成AIの可能性を最大限に活用しつつ、顧客との信頼関係を構築し続けることが不可欠だ。その第一歩として、生成AIを今すぐ、業務効率化だけでなく、顧客との接点となるビジネスの根幹に導入することを検討してほしい。

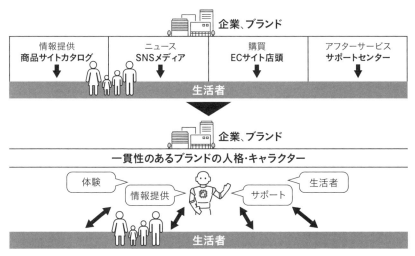

企業と生活者の接点が「人格対人格」のコミュニケーションになる＝キャラクター性や双方向性が求められるため、企業・ブランドの人格設計が今まで以上に重要になる

② 既存業界への波及効果: 非連続的な価値創出の展望

人々の欲求やニーズの背後にある「シーン」や「フェーズ」が、生成AIの登場で新たな次元を迎えている。これまでのカスタマージャーニーの考え方が根本から変わろうとしている。

例えば、米サンフランシスコのAIスタートアップLuka（ルカ）が開発したAIチャットボット「Replika」は、ユーザーとの対話を通じて深層心理やニーズを見抜くことで、「AIフレンドアプリ」「AIコンパニオンアプリ」とも呼ばれる。

結果として、従来の製品中心のビジネスモデルから、それぞれのユーザーに特化した体験中心のビジネスモデルへと進化している。この変化は、消費者との関係性をより深化させるチャンスでもある。

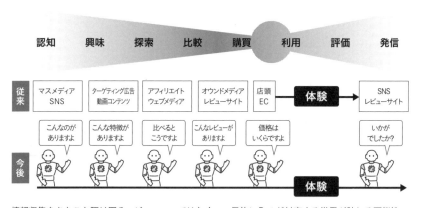

情報収集をあちこち駆け回る＝ジャーニーではなく、一元的にBotが対応する世界が訪れる可能性

「Amazon Go」のような無人店舗は、現代の小売業のトレンドを示している。顧客が店舗を訪れたときの動きや購入履歴はリアルタイムで解析され、次回来店時にはそれに基づいてパーソナライズされた商

172

品が提案される。顧客一人一人のニーズに応じたサービスの提供が可能になっている。生成AIを活用することで、こうしたパーソナライズがさらに加速、進化するだろう。

　このような技術の進化が、業界の枠を超えたディスラプションを生むキッカケとなっている。

　旅行業では、米エクスペディアや米エアビーアンドビーが、生成AIを用いて個々の旅行者の好みや旅行の目的に合わせて旅先や宿泊施設を提案している。
　自動車業界に目を向けると、レベル5相当の完全自動運転EVの開発と量産化を目指すTuring（チューリング、千葉県柏市）が、極めて高いレベルで環境を認知・理解できる生成AIを駆使した自動運転技術で、新しい移動の体験を提供し始めている。

　飲食製造業向けにデータ提供をしているAi Paletteは、食品特化型生成AI「FoodGPT」を開発。従来の製品開発プロセスを変革し、新しい開発手法を進めている。消費者の心理傾向を生成AIが導出し、製品コンセプトを生成して配合を修正、その場で3Dプリンターからプロトタイプの生成を可能にしている。また、新商品の味の消費者期待値も生成AIからインサイトを得ることで、投資効率を高めることができる。消費者の選好傾向を生成AIが導出することで、持続可能性や健康志向などの新たな消費者ニーズにスピーディーに応えることが容易になる。

　このように、生成AIは業界の枠を越え、多岐にわたる価値を生み出している。その中心には、顧客体験の最適化がある。米ジロー（Zillow）や米レッドフィン（Redfin）のような不動産プラットフォーム企業も、

ユーザーの履歴や興味をベースに、最適な物件を提案している。

生成AIは、ビジネスのあり方を根本から変える革命的な存在といって過言ではない。企業は、この技術の進化をしっかりキャッチアップし、活用し、ユーザーのニーズの源泉となる欲求、シーンを押さえることで、新しい価値を創出し続けることが求められる。

3 マーケターの新たな挑戦： ユニークさと蓋然性の追求

近年のテクノロジーの進展により、マーケティング領域にも大きな変革が訪れている。特にパーソナルAIの浸透は、新たな風をもたらしており、キャッチアップしないと取り残される可能性がある。この新たな風の中で、マーケターが挑戦しなければならないのは「ユニークさ」と「蓋然性」の両立だ。この両立を可能にするカギとなるのが「創造性」。その重要度が高まっている。

創造性は文字通り「新しいものを生み出す力」だが、単に新しいものを生み出すだけでは意味がない。生み出したものが実際のマーケットで効果を発揮するかどうか。その要因を深掘りすると、「独創性」「適切性」「新結合」という3つの要素に行き当たる。

独創性とは、他にない独自の価値＝ユニークさを持つことを指す。これは、マーケターの持つ視点や考え方、経験などが大きく影響する。

一方の適切性は、その独創性が目の前の市場や顧客にとって歴史・文化・文脈的に適しているか、すなわち蓋然性が高いかどうかを示す。これは、データ分析や市場調査、事例調査などの客観的な要素によって裏打ちされる部分である。

この2つの要素を結びつけるのが、新結合だ。異なる要素や情報を組み合わせて、新たな価値や解決策を生み出すことを意味する。オー

ストリアの経済学者ヨーゼフ・シュンペーター曰く、イノベーション
は「新たな組み合わせ」であり、組み合わせ力が問われる。

　この3要素を最大化するには、生成AIの力を借りるのが最適だ。特
に、適切性と新結合において、生成AIはマーケターの強力な味方に
なる。

　生成AIがもたらす大きな地殻変動の本質は、創造性の限界費用を
ゼロに収束させイノベーションが加速する可能性が見えてきたことに
ある。

　過去には、集積回路とデータ流通の限界費用が限りなく小さくなる
ことで多くの革命的なビジネスが起こった。今回は、1つのアイデア
を創造するコストが限りなく小さくなることで、誰もがクリエイター、
ビジネスデザイナーになれる世界が到来しようとしている。

テック革命	データ革命	イノベーション革命
集積回路（CPU、GPSなど）が**計算の限界費用（MC）をゼロに収束させ**た	インターネットが、**データ流通の限界費用をゼロに収束させた**	生成AIは、**創造性の限界費用をゼロに収束させ、イノベーションが加速する可能性がみえてきた**
■**計算あたりのコスト** 1960年は加速度計算チップに20億円近くかかり、計算時間も膨大だったが、今は400円以下でリアルタイム計算可能	■**情報流通あたりのコスト** 手紙・電話→電子メール、LINEなどで流通費はゼロにちかくなった	■**アイディア創造コスト** 創造性=独創性×適切性×新結合 適切性の基礎構成要素である社会・文脈・歴史（事例）を生成AIで代替 イノベーションとは新結合でありAIによる結合パターン導出コストも最小化可能
パーソナルコンピューターの民主化 Ex）産業用ロボ、ATM、再生機器、ゲーム、簡易シミュレーション、ワープロ.etc	**情報の民主化** Ex）ECサイトなどのマッチングPlatform、ブログ、メールSMS、コンテンツストリーミング、動画配信.etc **モノからコトへの変化** Ex) SaaSサービス、etc	**イノベーション（新結合）の加速** **AIは人間の共創クリエイターになる** **ユーザーがよりクリエイターへ**

テック革命からデータ革命、そしてイノベーション革命へ

Amazonの推薦アルゴリズムを考えてみよう。過去の購入履歴や閲覧履歴から、次に購入するであろう商品を予測する。これは、AIが大量のデータをリアルタイムで分析し、その上で適切な商品を提案する力を持つからこそ実現している。

　Netflixの映画・ドラマのリコメンドも同様だ。ユーザーの視聴履歴や評価を基に、それまで見たことがないジャンルや作品との新たな結合を提案する。さらに生成AIは、インターネット上の多くのデータから文脈的適切性をも含めた提案を導出する。

　このようなAIの力を背景に、マーケティングの業務は大きく変化している。以前は、手動でのデータ収集や分析が主流だったが、今ではリアルタイムでの自動分析が主流になっている。また、マーケティング戦略も、経験や直感に頼ることが少なくなり、データ起点の戦略が増えてきた。顧客とのコミュニケーションも、以前の一方的なものから双方向型のものへ、さらに生成AIによってリアルタイム対話型へと変わりつつある。

　パーソナルAIの進化とともに、マーケティングの領域は新たなステージへと移行している。その中心に位置するのが創造性であり、これを最大化するには、マーケター自身の独創性と、生成AIの力を最適に組み合わせることが必要になる。

第2節

生成AIが触れる
産業の変化

■1 AIの影響力：生成AIがもたらす業界の変革

　生成AIが産業界にもたらす革命的な変化。それは創造性の限界費用がゼロに近づくことを意味する。これは画期的な変化であり、コンテンツ制作やデザイン、様々なクリエイティブ業界において、その影響は計り知れない。これまで、品質の高いコンテンツを生み出そうとすれば多額のコストがかかるものだったが、その常識、パラダイムが劇的に変わろうとしている。

　例として、ロゴメーカーなどデザインプラットフォームを展開しているインドのスタートアップ企業、デザインヒルが提供するデザインツール「Designhill」を挙げる。このサービスは、ユーザーの要望に基づいて数秒でプロフェッショナルなデザインを生成する。このサービスの出現で、企業は大量のコンテンツを迅速かつ低コストで提供できる可能性をもたらし、その技術的進歩はイノベーションを加速させる。

　Netflixや米ディズニーの動画配信サービス「Disney+」が、視聴者の好みやトレンドに合わせて、背景の制作などに生成AIを活用してオリジナルコンテンツを迅速に提供している現状を考えれば、我々が目撃しているのは、AIを使い倒すことでコンテンツが無限に生成される時代の始まりといえる。

消費者側の変化も注目に値する。Spotifyのような音楽ストリーミングサービスは、リスナーの好みに合わせたプレイリストをつくる元来のパーソナライゼーション技術と生成AIを組み合わせることで、より精度の高い、好みにあった選曲が可能になる。さらには、あたかもリアルのDJがユーザー個人のために選曲して曲やアーティストの解説をしているような新たな体験を得られる。AIで生成した俳優の声で再生すれば、その再現性はさらに高まるだろう。音楽視聴の深さと広がりがストレスフリーで提供される格好だ。ユーザーは、単にサービスの受け手の立場から、自身の好みや欲求に基づくコンテンツの共創者へと、そのスタンスが徐々に変わっていくだろう。

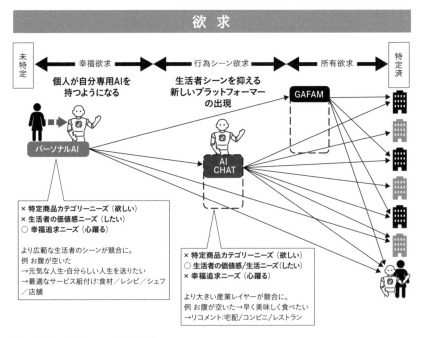

新しいプラットフォーマーが出現する

　これらの変化を背景に、新しいビジネスモデルやプラットフォームの登場が期待される。特に注目したいのが、「シーンプラットフォーマー」の出現だ。これは、ユーザーの日常シーンや行動、欲求をAIが捉え、最適な商品・サービスを提供するプラットフォームを指す。LINEやWeChatがその先駆けだ。今後、生成AIの力を借りてさらに進化するだろう。

　生成AIが人間の深層心理を理解する能力が向上すると何が起こるか。捉える欲求のフェーズが「より自分らしさ」の表現に近くなり、所有欲求から行動欲求、そして生存欲求・幸福追求に焦点を当てたサービス提供が進んでいくと予測される。これにより、デジタルプラットフォーマーから新サービスが次々と登場して活性化をもたらすだろう。実際、各種経済調査によれば、生成AIは2035年までに全世界のGDPの10％以上の増加をもたらすと予測されている。

　この技術革命の中で、我々一人一人が果たす役割について考えることが重要になる。生成AIをどう活用してどのような価値を生み出すかは、私たちの手に委ねられている。

2 産業の中心での変革：
　特定業界における具体的な変化

　生成AIが、多くの産業で取り入れられる大きな理由の一つに、「深層心理を理解する能力」が挙げられる。多くの業界・企業で、生成AIの持つこの能力を活用することで、未知の顧客ニーズや新しいビジネスチャンスを発掘する期待感が高まっている。

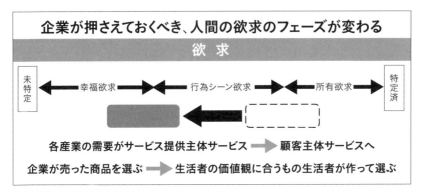

企業が押さえておくべき、人間の欲求のフェーズが変わる

欲　求

未特定 ← 幸福欲求 → ← 行為シーン欲求 → ← 所有欲求 → 特定済

各産業の需要がサービス提供主体サービス ➡ 顧客主体サービスへ

企業が売った商品を選ぶ ➡ 生活者の価値観に合うもの生活者が作って選ぶ

生成AIが変える産業構造の変化

　生成AIの影響力は、産業の枠を超えて拡大している。

　小売業界において、顧客の観点は、モノの購入から体験価値へとシフトしている。消費者は単に商品を購入するだけでなく、購入を通じた体験や価値を求めている。例えばオンラインショッピングサイト「Big Commerce」では、顧客の過去の購入履歴やブラウジングパターンを基に、パーソナライズされたショッピング体験を提供しているのはもちろんのこと、ユーザーのフィードバックを基に商品のリコメンデーションやディスプレー配置をリアルタイムに最適化している。その結果、ROAS（広告の費用対効果）が10〜20％向上しているという。

　食品業界では、消費者の健康志向や個別の食生活ニーズが増している。ベルギーの飲食製造企業でヘルシーなスナックバーを提供するジャストバイト（JustBite）は、各消費者の栄養ニーズやアレルギー情報を基に、オーダーメードのスナックを提供するほか、季節や地域の特色を取り入れたレシピも提案する。消費者とのコミュニケーションを深化させることで、商品のリピート購入率が2倍になっている。

　エコロジーと安全性が求められる自動車産業。中国版テスラとも呼ばれる中国EV（電気自動車）大手のニーオ（NIO）が提供する車載

AIシステム「NOMI」は、ユーザーの運転習慣やライフスタイルを考慮したドライブ体験を提案している。過去の事故情報や交通状況を分析し、安全運転をサポートするアドバイスや機能によって事故率も低減。こうした機能にESG（環境・社会・企業統治）トレンドもあいまって、新車の販売数が8％増加している。

　消費財分野では、食品テクノロジー企業の米インポッシブル・フーズが、ユーザーの生活習慣や好み、エシカルな価値観などを反映した新商品の開発をサポート。新製品の市場導入スピードが30％短縮し、売り上げも20％向上している。

　農業では、アグリテック企業の米イネビタブルテック（Inevitable Tech）が、気候変動や病害虫、土壌の変化などの要因を予測し、最適な栽培方法や収穫時期を提案。過去の収穫データや気象情報を基に、来季の作物選びについてもアドバイスすることで、収穫量が平均20％増加。品質も向上する見込みだ。

　教育面では、中国のオンライン教育ユニコーン企業、猿輔導（Yuanfudao）が、生徒の学習スタイルや進度、興味を基に、パーソナライズされた学習プランをオンラインで提供。生徒の理解度や興味の変化に応じてAIがリアルタイムでカリキュラムを調整することで、学習効果が向上し、学力（成績）が60％アップしている。従来型の一律の教育カリキュラムでは、個々の生徒のニーズを満たすことが難しく、また教育アクセス困難性という課題もあったが、これらを克服するサービスといえる。

　コンテンツ産業では、英Wakeletが、ユーザーの過去の閲覧履歴や興味、共有情報を基に、お薦めの記事や動画をカスタマイズして提供

している。ユーザーの反応をAIで分析し、リアルタイムにコンテンツを最適化する。大量のコンテンツの中からユーザーに価値ある情報を抽出する課題に対応することで、ページビューが25％改善し、ユーザーの定着率も向上。業務時間の短縮にもつながっているという。

　旅行業では、旅行プラン支援サービスを展開する米ロードトリッパーズ（Roadtrippers）が、顧客の旅の目的や興味に合わせた旅行プランを提供。現地の天気やイベント情報をリアルタイムに取り込んで、最適な寄り道プランの策定やホテル選定の最適化をサポート。非常に高い顧客満足度を獲得している。

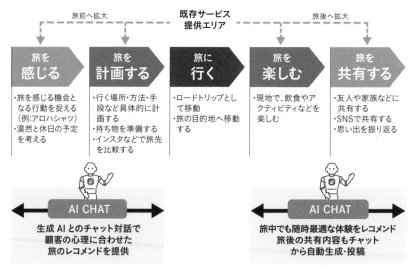

日常の中にある非日常体験を取りにいくことで、旅の入り口を広げる

　保険業界では、保険情報サービスを提供する米カバー（Cover）が、顧客のライフスタイルや資産状況をWebアンケートからAIが分析し、最適な保険プランを提案。リアルタイムのチャットでのやりとりを基に、保険料の最適化や新しい保険商品の提案を行っている。この結果、

保険料を大幅に安く提示でき、既存顧客の継続率が向上している。

　このように、生成AIの進化は各産業が抱える課題の解決策を提供するキーツールとなっている。ユーザーや顧客の深層心理を理解し、それに応じた最適なサービスや商品を提供することで、産業は次のステージへと進んでいる。

　過去のAIブームと大きく違うのは、「データ」「アルゴリズム」「イノベーション」のコストが限りなく小さくなっている点だ。これまでは莫大な投資でテクノロジー的差異化を図れる企業が優勢だった。生成AIは、リアルのサービスを長らく展開して顧客ニーズをよく把握しているもののデジタル投資余力が乏しかった中小企業にも強力なデジタルツールが装備されたことになる。これは、日本企業が得意とする、現場の経験値の積み重ねに基づいた「おもてなし」の力が、競争力を発揮する可能性が高いことを意味している。

❸ 未来予測：
　生成AIによる業界の長期的な変革

　直近数年で注目されていることとして、「シーンプラットフォーマー」の登場が挙げられる。
　シーンプラットフォーマーとは、ユーザーの様々な生活のシーンやニーズに合わせて、複数の商品・サービスを一元的に提供するプラットフォーマーのことを指す。

　一日の生活シーンの中で、朝の情報収集から夜のリラクゼーションまで、全てを一元的に提供するサービスが増えてきた。スマートホームプラットフォーマーの米ブリリアントホーム（Brilliant Home）が

その一つ。例えばリビングでのリラックスタイムやキッチンでの料理タイムに合わせて、音楽やレシピ、ニュースなどの情報を一元的に提供している。これは、消費者のリアルな生活の一部として存在し、日常生活に溶け込む不可欠なサービスのポジションを確立する戦略だ。

　近年、LINEやPayPayなどのサービスが、ショッピングから決済、ニュース取得まで一連の生活シーンをカバーすることで、1日のユーザー可処分時間のうち100分超を確保しているという。ユーザーの生活シーンを一元的に取り扱うシーンプラットフォーマーの台頭により、従来の産業の境界が曖昧になりつつあり、新しい価値創出のチャンスが生まれようとしている。

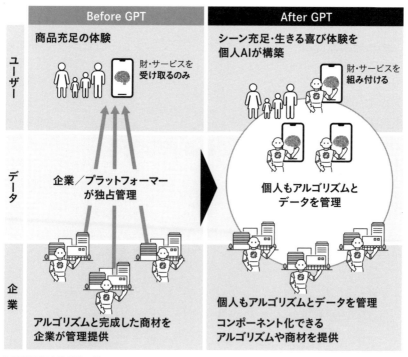

GPT登場前と登場後の違い

　2022年、米ガートナー（Gartner）が発表したリポートによると、「2030年までに人々の70％がパーソナルAIを活用する生活を送っている可能性が高い」という。これまでの「AIは企業や研究者が持つもの」という概念が変わり、一般個人が所有して日常的に活用する時代が到来することになる。パーソナルAIとは、ユーザー個々の生活や好み、ニーズに完全に合わせてカスタマイズされたAIのことを指す。

　今後10年、ユーザー個人が自身のAIを持つ「パーソナルAI」が一般家庭や個人に普及し一般化することが見込まれる。

　例えば、すでに一部のユーザー間で人気を博している「Replika」は、日々のコミュニケーションを通じてユーザーの好みや悩みを学び取り、ユーザーのパーソナルAIとしての役割を果たしている。

　パーソナルAIの普及により、消費者は自らの手で、様々なサービスや商品を組み合わせ、自分だけのオリジナルのサービスや体験を生み出すことが可能になる。例えば、パーソナルAIモデルの「Hugging Face」は、ユーザーの健康状態や趣味に合わせて、食材やレシピ、運動プランなどをAIが提案してくれる。さらに、旅行やショッピング、エンターテインメントのプランも、その人の過去の経験や好みを基にAIが最適化して提供される時代が見えてきた。家庭用のAIアシスタント「Tado°」が独自にユーザーの趣味や日常の習慣を学び、それに合わせて最適な生活をサポートすることも始まっている。

　こうしたパーソナルAIの普及により、ユーザーは自らの手で、様々な商品・サービスを組み合わせ、自分だけのオリジナルサービスを生み出す時代が到来する。

　想像してみてほしい。あなたのパーソナルAIがエコツーリズムのサ

ービスと連携し、また予約サイトやレビューサイト、仕事のスケジューラーや健康サービスとも連携し、さらに、あなたの家族のパーソナルAIともリンクすることで、あなたと家族の好みやスケジュールに合わせて最適な旅行プランを提案、実際にすべての予約や送迎の手配も自動で手配され、旅行期間中はあなたにピッタリの食事やアクティビティーで心を癒やし、旅行後は家族や友人とリビングで旅の思い出を語り合う。

　そこには、個人の趣味や価値観が反映された、完璧なオーダーメードサービスが実現される。ユーザーは自らの好みやニーズに基づいて、自分だけの完全パーソナライズサービスを「組み立てる」時代が到来しようとしている。

　この生成AI時代が幕を開けた今日、消費者と企業の間の関係は大きく変動している。これまでのビジネス構造では、多くの場合、企業が主導権を握り、消費者は選択の対象者として位置づけられていた。しかし、最近の技術的革新や消費者の行動の変化を背景に、そのパワーバランスは大きく揺れ動いている。

　今や、消費者は手の中のスマホ一つで商品・サービスの詳細情報の入手、レビュー・比較ができる。この情報の透明性は、企業に対する消費者の信頼を強化する一方で、不誠実なビジネスプラクティスや不適切な価格設定を容赦なく露呈させる力となった。消費者が体験した不満や喜びは、ソーシャルメディアを通じて瞬時に拡散される。

　一つのツイートやレビューが大きな影響を持つようになり、企業は消費者との直接的なコミュニケーションを欠かせないものと認識している。生成AIとデータ分析の進展で、消費者の好みやニーズを正確に把握できるようになったことで、企業は消費者一人一人に合わせた

商品・サービスの提供を試み、ロイヤルティーの確立を目指している。環境問題や社会的責任に対する消費者の意識の高まりは、企業に新たな価値観の提供を求めている。エシカルな製品選びをする消費者は増加傾向にあり、企業はそれに応える形でサステナブルな取り組みを強化している。

　こうした大きな変化の中で、どのように対応すればよいのか。答えは一つではないが、企業は戦略の選択がより一層重要になる。生成AIの技術を活用し、シーンプラットフォーマーやパーソナルAIを中心に、ユーザーの真のニーズに応えるサービスや商品を提供することが、今後の競争優位性を築く鍵となる。

　ユーザーのライフスタイルやシーンをベースにサービスを提供することで、これまでの領域や業界の枠組みを超えたディスラプションが生まれるだろう。
　この変革の中で、企業のビジネスモデルは「パーソナルAIサービサー」「シーンプラットフォーマー」「エンベデッドプロバイダー」という3つの方向性へとシフトしていく。これらの戦略が重要とされる背景には、生成AIの進化があり、それが企業の価値創出のパラダイムを大きく変える要因となっている。

　1つ目は、パーソナルAIサービスを提供する生成AI時代の顧客接点をとるか。
　2つ目は、多岐にわたるシーンを統合し、提供する「シーンプラットフォーマー」としての役割を担うか。
　3つ目は、既存のプラットフォームやサービスに対応し、機能や価値を付加する「エンベデッド」としての役割を選択するか。
　この大きな3つの方向性の選択が求められる。

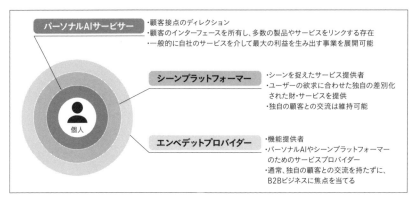

企業のビジネスモデルは3つの方向性へシフト

「シーン」とは、消費者の特定の行動や状況を指す。

　1つ目のパーソナルAI戦略とは、顧客のインターフェースを所有し、多数の製品やサービスをリンクする存在となり、最大の利益を生み出す存在になる。ユーザーにとっては自身のAIを構築する最も重要なキーサービサーになる。ただし、競争の最も激しい領域であり技術・投資など大きな経営判断が必要になると考えられる。

　2つ目のシーンプラットフォーマー戦略とは、これらのシーンを中心に多様なサービスや製品を統合・提供することを目指しており、例えば、通勤中の消費者に音楽、ニュース、ショッピングを一つのプラットフォームで提供する。ここでの生成AIの役割は、消費者のニーズをリアルタイムで解析し、パーソナライズされたコンテンツやサービスを生成すること。LINEやWeChatのようなプラットフォーマーは、AIを駆使してユーザーの興味や行動を予測し、それに合わせたサービスを提供している。

　3つ目のエンベデッド戦略は、自社のサービスや機能を他社のプロ

ダクトやサービスに組み込むアプローチ。ここでの生成AIの利点は、組み込まれた環境に合わせてリアルタイムで新しい機能やサービスを生成・最適化する能力である。例えば、Apple PayやGoogle Payのような決済サービスは、購買履歴や利用者の動向を元に生成AIを使って新しいキャンペーンやオファーを生成することが考えられる。

　中国大手IT企業のテンセント（騰訊）は、シーンプラットフォーマーとして、多岐にわたるサービスを統合し、ユーザーの日常を一元的にサポートしている。ユーザーの日常を「ウィーチャットペイ（微信支付）」の日常決済から、「We Doctor（微医）」など健康まで含めて一元的にサポートしている。一方、中国保険大手の平安保険は、自社の金融プラットフォーム内でのエンベデッドとして、「平安グッドドクター（好医生）」の健康管理やポイント機能を付加している。

　これまでは、組織のエンジニア力とデータ量が強いプレーヤーをつくっていたが、生成AIによりデータ量とエンジニア力が弱くとも生成AIを活用し代替することで、どのような企業にも大きなチャンスが到来している。

　伝統的な産業の壁が壊れる中、多くの企業が新しい価値を模索している。2030年までに、自動車産業だけでなく、金融、医療、教育など、様々な業界がディスラプションの波に飲まれるとの予測が出ている。ファッションブランド「UNIQLO」が、衣服そのものをただ売るのではなく、ユーザーの着るシーンを捉え衣服の選択をAIに任せる「IQ」サービスを始めたことは、その兆しと言えるだろう。

　技術やトレンドをただ追随するだけではなく、自社の強みや特色を生かし、独自の価値を創出することが必要だ。シーンプラットフォーマ

ーは大きな投資と時間が必要だが、成功すれば強固なエコシステムを築くことができる。エンベデッドは、迅速に市場を拡大できるが、そのためには他社との連携や、AIを活用した独自の価値提供が欠かせない。

　シーンプラットフォーマーとしてのポジションを取るか、パーソナルAIかエンベデッドとしての役割を果たすか、あるいはその両方を目指すか。その選択には、客観的かつ論理的な視点が不可欠だ。

第3節

生成AI導入の
ための戦略

1 生成AI活用段階と変革の実現に向けた
　検討方向性

　ここでは対話型の生成AIに焦点を当て、導入のための戦略を示す。
生成AI活用企業の変革は、以下の3段階に分けて考えることができる。

・1段階目「働き方変革」
　　個人が生産性を向上するために活用し自らの働き方を変えている段階
・2段階目「組織人材変革」
　　企業内の業務プロセスの品質および効率の向上に活用している段階
・3段階目「顧客価値変革」
　　顧客に対して提供するサービスに活用している段階

　電通コンサルティングでは、生成AIの活用を進めるに当たり、これ
ら3つの段階を1段階目から1つずつ対応していくのではなく、「**1段目
と2段目**」「**2段目と3段目**」の2つの組み合わせで検討する方向性が
あると考えている。

　なぜ組み合わせで検討するか？　テクノロジーが進化するスピード
が非常に早く、顧客に対して発掘したインサイトを敏速にサービス化
する必要があること。また、新たな業務に組織を適応させることが求
められ、同時に進める必要があるからだ。

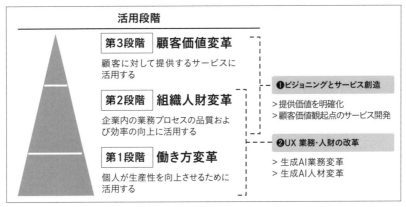

生成AI活用段階のイメージ

【1×2段階目】UX・業務・人財の改革

生成AI業務変革

　顧客のインサイトに気づき敏速に対応するためには、インサイトにすぐに対応できるUX組織の組成が重要だ。現代のビジネス環境では、テクノロジーの進化の早さと同様に、顧客から得られるデータが急速に増加している。得られるデータを有効に活用し、顧客体験を常にアップデートすることが競争力を維持する鍵となっている。このため、企業はデータからインサイトを得るために、データ分析のスキルを持つ人材をUX組織に組み込む必要がある。UX組織に組み込むことで、新たなビジネスチャンスや改善点を素早く発見し、対応策の迅速な実行が可能になる。

　また、真に顧客起点のサービスを提供するには、業務の切り分けと効率化が不可欠だ。生成AIを活用する際には、具体的な業務プロセスを評価し、自動化や効率化のポイントを見つけることが大切だ。従来は手作業に費やされていた時間とリソースを節約し、サービスの品質

向上や顧客体験の向上につながる。

　生成AIを活用し生産性を上げ最も効果を発揮できる業務を特定することも大切だ。生成AIはデータの加工処理や予測分析、カスタマーサポートなど様々な業務領域で活用できる。しかし、社内の業務効率化の取り組みとして広げていくためには、単発的な取り組みで終わらせることなく、継続的な取り組みにする必要がある。中長期的には最も効果が発揮できる業務に取り組めるよう、短期的に成果を示し周囲の理解を得ることが業務変革の実現性を高める。

生成AI人材変革

　生成AIを活用した人材変革が実現するかは、変革人材をつくるリスキリングのアプローチと、どれだけ早く各人材が変革を実感できるか組織の変革対応を加速できるか否かにかかっている。変革人材を育成するステップとして、以下の5つが考えられる。
〈リスキリングのステップ案〉
1.従業員のスキルと能力を評価
2.変革に必要なスキルギャップを特定
3.ギャップを埋めるための教育とトレーニングプログラムを設計
4.新しい技術やツール、方法論を教え自身で活用できるように教育
5.実業務への活用と評価

　変革を加速できる組織は、以下の特徴を持っている。
〈組織の変革対応が加速する条件〉
1.経営層が現場の変革を支持し、新しいテクノロジーの活用に対して肯定的。新しいテクノロジーのリスクを評価し、従業員に対し避けるべきことを示している
2.変革の活動自体に従業員を当事者として巻き込み、役割を与え、変革への従業員の関与度を高めている

3. Teamsなどのビジネスチャットを導入し従業員同士のコミュニケーションコストを低減し、コラボレーションを促している
4. 変革の進捗を測定・評価する体制を整え関係者が常に進捗状況を把握できる状態にしている

　これらの特徴を有する組織は時間を追うごとに変革を進めることができている。

【2×3段階目】ビジョニングとサービス創造

パーソナルAI時代のビジョンの明確化
　パーソナルAIの時代を迎えると、大量のデータを収集・分析し、インサイトを得て顧客との関係を深化させ、新たな価値を提供することがビジネスの成功に不可欠となる。自社がどのような価値を顧客に提供するか時代に則した明確なビジョンを持つことが重要だ。

顧客価値起点のサービス開発
　顧客価値起点に立ったサービスの開発で、不可欠な要素が2点ある。
1. 明確なビジョンが不可欠
　自社の事業構造でどの部分が顧客に価値を提供し、新たな領域をどこで狙うべきかを明確に定義する必要がある。また、サービス実現に向け誰と協力すべきか、取り得る選択肢を比較・検討する。
2. 顧客の価値観変化とサービス利用シーンを把握するためのコミュニケーションが不可欠
　顧客との対話や市場調査を通じて、顧客のニーズや期待を理解し、それに合ったサービスを開発する必要がある。顧客との継続的なコミュニケーションを通じて、サービスの改善と適応を図ることが大切。

これら不可欠な要素2点を考慮することで、顧客に届くサービスを実現できる可能性が高まる。

２ 生成AI導入の勘所

　企業が生成AIを効果的に導入するための成功要因は何か？　特に文書生成AI導入時の成功要因を考察する。

　まず、先行事例として文書生成AIの隣接領域であるルールベースのチャットボット（以降、チャットボットと表現）の導入時の成功要因を示し、次にチャットボットと生成AIの特徴の違いから生成AI導入時ならではの成功要因を検討する。

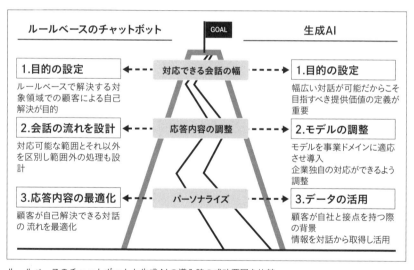

ルールベースのチャットボットと生成AIの導入時の成功要因を比較

チャットボット導入時の成功要因

　チャットボットを既に導入済みの企業は数多く存在する。導入時の成功要因をまとめると、共通して以下のことが挙げられる。

1.目的の設定

　チャットボットが何を達成したいか、達成した場合の望ましい成果を定義すること。マーケティングであれば企業サイトにチャットボットを設置し、問い合わせをチャットボットで受けリードを獲得するなど、測定可能な明確な目的を設定する。

2.会話の流れを設計

　顧客がチャットボットを利用し、顧客が実現したいこと（提供サービスの説明や、質問に対する回答をセルフサービスとして解消、など）を実現できるよう、会話の流れを設計する。また、チャットボットでは実現できない場合でも顧客との関係が維持できるよう、どのような代替策を織り込むかを設計する。

3.応答内容の最適化

　顧客とのやり取りを収集し、FAQ（よくある質問）や顧客が入力を間違えがちな内容などを整理。チャットボットが回答できる幅と深さ、会話の流れを検討する。チャットボットが対応できる範囲を拡大するだけではなく、どのような会話の流れであれば顧客の満足度を高められるかを検討しA/Bテストのように比較・検証する。

チャットボットと生成AIチャットの違い

　チャットボットと生成AIチャットはどちらも文字を介した会話での

情報提供を実施する点は共通している。ただし、会話を成立させ、情報提供するためのアプローチが異なる。チャットボットと生成AIチャットの違いについて、特に重要なポイントを3点示す。

1.対応できる会話の幅

　チャットボットでは、事前に定義された領域でのみ対応ができ、領域外の場合はエラー処理として、一定の振る舞い（オペレーターに交代するなど）をすることで、利用者の会話を成立させる。生成AIチャットでは、膨大なデータセットでトレーニングされているため、領域を横断して会話が可能であり、利用者の思考を分断せずに会話が成立する。

2.応答内容の調整

　チャットボットでは、事前に定義し応答内容と、どの応答内容を提示するかの決定木により応答が決まるのが一般的である。そのため応答内容を調整する場合、応答内容自体の定義を見直すことが必要となる。生成AIチャットでは、事前にトレーニングされたモデルとモデルに対するパラメーターの調整、モデルに対する追加学習（ファインチューニング）により調整する。

3.パーソナライズ

　チャットボットでは、事前に定義した領域かつ応答内容をパーソナライズして、提示内容を特定したうえで、必要な顧客データを連携する。そのためパーソナライズして提示できる内容は、提供側が明示的に決めた内容に限られる。

　生成AIチャットでは、CRMと連携することで、会話の内容に応じてCRMのデータを基にパーソナライズした応答を実現できる。

生成AI導入時の成功要因

　チャットボットの導入は、企業が顧客とのコミュニケーションを改善し、業務効率を向上させるための重要なステップだ。しかし、生成AIのような高度な自然言語処理技術を導入する際には、通常のチャットボットとは異なる要因も成功に影響を与える。以下では、生成AI導入時の成功要因について考察していく。

1.目的の設定

　生成AIを導入する際には、まず明確な目的を設定することが不可欠。顧客にどのような価値を提供し、どのような意味を伝えるかを明確に定義する必要がある。幅広い対話が可能になるため、目的が不明確であると、顧客の期待との乖離（かいり）が生じ、顧客との信頼関係を損なう可能性が高まる。したがって、導入前に目的を明確にし、その目標を達成するための戦略を考えることが重要。

2.モデルの調整

　ChatGPTや、マイクロソフトのクラウドサービス「Azure」上でOpenAIのAIサービスを提供する「Azure OpenAI」は汎用的なモデルであり、特定の業界や事業に合わせた応答を生成するためにカスタマイズする必要がある。企業独自のデータと学習によって特定の事業ドメインに適応させ、顧客に適切な情報を提供できるように調整することが不可欠。モデルのカスタマイズは導入後も継続的な作業が必要であり、顧客のニーズに合わせて最適化されるべきだ。

3.データの活用

　顧客と対話を通じて得られたデータは、モデルの調整だけではなく、新たなサービス開発にも利用するべきと考える。チャットボットと比

べ生成AIチャットでは顧客と自然な会話が成立するため、顧客が企業に対して明示的に求めている内容だけではなく、その背景（文脈）まで把握できる。今まで顧客が企業と接点を持つ場合の文脈は、マーケターが推測したり、営業担当が直接やり取りしたりすることで得ていた情報である。この文脈情報をサービス開発に生かすことで、生成AIを単なるセルフサービスのツールとしてではなく、重要な情報源として社内の認知を得て活用することも生成AI導入の重要な成功要因といえる。

　以上から、生成AI導入の成功要因は、明確な目的を設定し、導入後も継続的なモデルの最適化とデータの活用を行い、顧客に価値を提供し続けることだと考える。

❸ 生成AI導入の方法論

　生成AIの導入について実務的な検討内容を整理すると、以下が主要な要素である。

1.不足しているパーツの特定
　自社のビジョンに基づいて、どの領域で生成AIを導入する必要があるかを明確に特定することが重要。

2.協業やパートナーシップの検討
　自社の能力を補完できる外部組織やベンチャー企業との協業を検討し、必要なパーツを取り入れる方法を検討する。テクノロジーの進化に対応するために、協業は重要である。

3.技術の速度への適応

　テクノロジーの進化が速い状況下では、自社の戦略を柔軟に調整し、技術の進歩に適応する必要がある。適切なタイミングで新しい技術を採用することが求められる。

4.ユーザーの変化への対応

　ユーザーのニーズや行動が迅速に変化する場合、生成AIを活用する際にはそれに合わせた戦略を策定し、ユーザーに最適な体験を提供する必要がある。

5.GPTのファインチューニング

　生成AIを効果的に活用するために、適切なチューニングを行うためのスキルや担当者を明確にすることが必要。

　これらの要点を考慮し、自社のニーズに合わせた生成AIサービスの導入戦略を策定していきたい。

第4節

生成AIの進化と未来の人間中心マーケティング戦略への道

　AI技術の進化は、21世紀の初頭から続くデジタル変革の中で最も注目されるトピックの一つだ。この技術は、シリコンバレーから東京、ベルリンから上海まで、全世界のイノベーションの中心として位置づけられている。近年では、GoogleやApple、Amazonなどのテックジャイアンツが生成AIを中心とした新サービスや機能を次々と発表している。また、ChatGPTのリリース以降、SNSでは毎日のように「こんなふうにビジネス活用ができます」「こんな効率化ができます」という投稿が拡散。メディアで特集される機会も増え、これらの様々な動きが常に世の中の注目を集めている。

　マーケティングの領域においても、AIの影響は無視できない。かつて、マーケティングは人の経験や直感、クリエイティビティーが中心となる領域だった。しかし今日では、膨大なデータの分析や消費者の行動予測、高度なセグメンテーションなど、AI技術の力を借りて行われる作業が増えてきた。

　従来のマーケティング活動におけるAI活用は、広告効果予測に重点が置かれていたが、これからは「訴求軸発見」「クリエイティブ生成」「効果予測」「改善提案」という、デジタル広告のすべての制作プロセスにAIの力で最適化する時代になっていく。

こうした状況下において、企業やブランドがマーケティングで成功を収めるには、AI技術の理解と活用が不可欠となってきた。しかし、大きな課題も存在する。AI技術の進化は急速であり、その機能や特性を十分に理解することは容易ではない。特に、多くの企業が直面するのは、この新しい技術をどのようにビジネスに取り入れ、実際の成果につなげていくかという問題だ。

一つ断言できることは、AI技術とマーケティングの関係はこれからも深化していくであろうということだ。この変革に際し、電通グループが提供するのが「∞AI（ムゲンエーアイ）」というツールである。その特徴と機能について紹介する。

∞AIとは何か？

「∞AI」ソリューションは、従来のAI活用が主に広告効果予測に重点を置いていたのに対し、訴求軸の発見からクリエイティブの生成、効果予測、そして具体的な改善サジェストまで、一貫したプロセスをサポートすることを目的としている。

まず基本的な特徴として、デジタル広告制作の全プロセスをAI技術を駆使してサポートすることが挙げられる。具体的には、以下の4つの主要なAI機能を持っている。

①訴求軸発見AI
クリエイティブを生成したい商品名やURLを入力するだけで、「市場データ」「競合データ」「自社データ」といった多様なデータソースから、広告生成に必要な情報をAIが自動で収集・整理する。そして「機能」「価格」「ライフスタイル」といった訴求軸に合わせて、ユー

ザーに響く「表現の切り口」となるキーワードが自動でマッピングされる。さらに気に入ったキーワードをAIに学習させることで、クリエイターの知見を反映し、システム自体が進化していく。

②クリエイティブ生成AI

「訴求軸発見AI」で抽出した訴求キーワードを基に、サブ情報として業種などを入力することで、自動でキャッチコピーを生成する。自然言語処理により、商品名と訴求キーワードを使った滑らかなコピーを生成できる。裏側でAIに与えている指示は、例えば以下のようなものだ。

【生成AIへの指示】

　○○○カードサービスについて、「お金が急に必要」と考えている人向けにキャッチコピーを書いてください。

【AIが生成したコピー】

「お金が急に必要になったら○○○カード。最短1時間で現金をお届けします」

　ここでは「お金が急に必要と考えているユーザー」を対象にしたので、「最短1時間」という訴求キーワードが使われたが、例えば「医療費について考えているユーザー」や「旅行費用について考えているユーザー」などに向けたコピーでは、別の適切な訴求キーワードが選ばれる。「もっとフォーマルに」「もっとカジュアルに」といった"書き味"の指示を出し、基のデータベースに当たって情報を確認する「正誤判定」により調整することでよりよいコピーを生成する。

　少し前までは、広告コピー生成AIをつくるといった場合、学習するのに20万件というデータが必要だった。今のAIは、学習データが小

規模なものであっても、そのデータからコツをつかめるレベルにある。GPT-3以降は、数百件のコピーを学習させるだけで、十分実用的なクリエイティブのノウハウを獲得できる。そして∞AIには、電通グループの長年にわたるクリエイティブにおけるノウハウを学習させている。

③効果予測AI

　広告の効果を予測するためのAI。過去の出稿データを学習し、広告の効果を予測する。クリエイティブの広告効果を予測する「効果予測AI」は、1つのクリエイティブをいくつもの要素に分解する。

　例えばバナーであれば、ロゴが入っているのか？　製品画像はあるのか？　ランディングページに誘導するボタンはあるのか？　キャッチコピーの内容は？　といった具合だ。人物がいる場合は性別、年代、人数も要素になる。

　さらに、バナー全体の色みや、レイアウトもAIが自動で分解・抽出する。その上で広告の効果を予測し、「クリエイティブAがクリエイティブBに勝つ確率」の予測を出力する。デジタル広告でいうところの「勝ちパターン」分析だ。従来はA/Bテストによって効果を測定していたが、これを事前に予測可能にしている。予測の精度は、過去の広告の実際の勝率と、AIの予測結果を比較したとき、相関係数が0.9以上と非常に高い。

　クリエイティブは、プラットフォームごとに最適化する必要がある。この点についても、AIが過去の出稿データに基づいて、「このプラットフォームだったら、こっちのバナーの方が良い」ということを学習していく。また、単に勝ち負けパターンを判定するだけでなく、「インプレッションは出やすいが、クリックは出づらい」といったKPIごとの学習もし、プラットフォームとクリエイティブ、伸ばしたいKPIに合わせて最適化が可能になっている。

④改善サジェスト

　効果予測に基づき、具体的な改善サジェストを提供する。「改善サジェスト」は、広告クリエイティブの効果を最大化するためのAIサポート機能として設計されている。具体的には、この機能は改善が必要な広告クリエイティブを自動で特定し、そのクリエイティブに対する複数の改善案を提案。広告運用者はPDCAサイクルを迅速に回せるため、広告の効果を短期間で向上できる。

　例を挙げると、ある広告キャンペーンで特定のクリエイティブが期待されるクリック率を達成していない場合、∞AIはそのクリエイティブの要素（例：画像、コピー、カラースキームなど）の中でどの部分が効果的でないのかを自動分析。その結果に基づいて具体的な改善策を提案する。広告運用者は迅速に改善策を実施し、広告のパフォーマンスを最適化できる。

　このように、∞AIはデジタル広告の制作プロセス全体をサポートするための総合的なソリューションとして開発されている。特に、訴求軸の発見やクリエイティブの生成といった、従来人の手によって行われていた作業に生成AIをフル活用してサポートすることで、より効率的かつ効果的な広告制作が可能になっている。

　現在、様々な広告の中で主流である「運用型広告」は、検索エンジンやソーシャルメディアといったプラットフォーム（媒体）上で1インプレッションを得るために、オークションに勝つ必要がある。そこでの広告運用は、ユーザーの反応を見ながら「入札」「ターゲット」「クリエイティブ」という3つの運用レバーが重要だった。このうち「入札」と「ターゲット」は、プラットフォーム側で自動化（AI化）が進み、競合他社との差異化が難しくなってきたため、クリエイティブと

いう運用レバーが重要性を増している。

　運用型広告におけるクリエイティブの効果改善でポイントとなるのは、ユーザーの反応を見ながらPDCAを高速で回していくこと。
　そこでは「質」「量」「スピード」が重要になる。

①クリエイティブの質
　適切な訴求軸を発見する少し前の運用型広告では、ターゲットを分類する「広告グループ（アドグループ）」をかなり細かく分類していた。しかし、プラットフォーム側のAI化が進んだ現在は、ターゲットをニーズごとに大きく捉え、プラットフォームの最適化を最大限に生かす考え方になっている。そのためには、ターゲットのニーズに刺さる適切な「訴求軸」の開発が重要である。

②クリエイティブの量
　ソーシャルメディア、検索エンジン、ECモールなど、デジタル広告を出稿できるプラットフォームは増え続けており、それぞれの媒体の特性を生かしたクリエイティブを用意する必要がある。さらに、訴求軸によってもクリエイティブをつくり分ける必要があるので、媒体×訴求軸の数だけクリエイティブを制作するとなると、かなりの量になる。

③クリエイティブのスピード
　リアルタイムに数字が出る運用型広告では、数字を見てすぐに改善していくスピードが重要。制作、入稿、配信レポート、改善というサイクルを早めるほど、広告効果が最適化される。

　これらの3つを1人のクリエイター、1人の運用者で効果改善し続けるには限界がある。そこでAIの出番となる。

　これまでの広告の世界では、AI活用はほとんど「効果予測」にフォーカスしていたが、電通グループの∞AIは、クリエイティブ制作全体のプロセスに着目しているのが特徴だ。訴求軸の発見から、クリエイティブの生成、どこを重点的に改善するかの具体的なサジェストまで、1つのソリューションの中で一貫して行うことができる。

∞AIの活用方法

　従来のデジタル広告のAI活用は、広告効果の予測やターゲティングの最適化に主眼が置かれていた。しかし、∞AIの登場により、その視点は大きく広がった。市場データや競合データ、自社データといった多岐にわたる情報源から、最も効果的な広告の訴求軸を自動的に発見できるようになった。広告主は市場のニーズを的確に捉え、そのニーズに応じたメッセージを伝えられるようになった。

　さらに、発見された訴求軸を基に、∞AIは瞬時にクリエイティブを自動生成する。これまで時間と手間がかかっていたクリエイティブ制作も、∞AIの活用により、短時間で多様なバリエーションを持つ広告を作成できるようになった。数時間かかっていた作業がわずか数分で終わる事例も出ている。それらのクリエイティブの効果を事前に予測し、最も効果的なものを選ぶことができる。

　また、広告の公開後も、∞AIはその効果を監視し、自動的に改善点を提案する。広告主は迅速にPDCAサイクルを回すことができる。

　このように、∞AIはデジタル広告の制作から運用、そして最適化までの一連のプロセスを改革している。この技術は、電通グループのAIスペシャリストと東京大学AIセンターとの共同研究が支えている。

マーケティング実務の変化、特にデジタル広告の領域における変化を考察する際、広告運用のバリューチェーンの変化も無視できない。

∞AIは、広告運用のバリューチェーン全体に影響を与える可能性を秘めている。広告運用のバリューチェーンの各ステージがどのように変わるのか。その一例を示す。

1. リサーチ & 戦略立案

従来、市場のリサーチや戦略の立案は人の直感や経験に依存する部分が大きかった。∞AIの訴求軸発見AIは、市場データや競合データ、自社データを自動で収集・整理し、最適な訴求軸を提案する。より精緻で効果的な戦略が短時間で立案されるようになる。

2. クリエイティブ制作

クリエイティブの制作は、広告運用の中でも特にコストと時間がかかる部分だった。しかし、クリエイティブ生成AIの導入により、訴求軸に合わせたキャッチコピーをすぐさま生成できるようになった。多様なバリエーションのコピーを迅速にテストし、最適なものを選ぶことが容易になる。

3. 広告配信 & 効果測定

∞AIの効果予測AIは、各種プラットフォームの出稿データを日々学習し、過去のデータに基づいて効果を予測する。広告の配信前にその効果を予測し、最適な配信戦略を立案できる。また、広告が配信された後も、改善サジェストAIが具体的な改善策を提案するため、継続的な最適化が可能になる。

このように∞AIの導入で、広告運用のバリューチェーン全体が効率化され、より高いROIを実現することが期待される。

デジタルマーケティングの未来と∞AIの役割

　生成AIの急伸 、5Gの普及、IoTの進化、VR/AR技術の発展といった技術的なトレンドは、消費者の生活や行動、価値観を大きく変えるだろう。例えば、5Gの超高速通信は、リアルタイムの4K動画ストリーミングや、遠隔地での高精細VR体験を可能にする。生成AIの普及は、パーソナルAIとして個人が自分のAIを持ち活用することを可能にする。ブランドは消費者とのコミュニケーションの質や深度を向上させるチャンスを手に入れることができる。

　一方、IoTの進化は、家電から自動車、衣類に至るまでの製品がインターネットに接続されることを意味する。ブランドは消費者の日常生活の中での製品の使用状況や環境をリアルタイムに把握でき、よりパーソナライズされたサービスや情報提供が実現されるだろう。

　近年、AI技術の進化とその実用化が進む中、マーケティングのフィールドでもその影響は大きく、新しい時代の夜明けを迎えていると言っても過言ではない。

　まず、AIとクリエイティブの融合が進んでいる。かつては人の手によって生み出された広告やキャンペーンが、今やAIの力を借りて、より効果的、かつ効率的に生成されるようになってきた。電通グループが2010年代中ごろから展開してきた「AIコピーライター」や「広告バナーの生成ツール」などの取り組みは、この流れを象徴するものだ。短時間で高品質なアウトプットが可能になり、クリエイティブの質と量の両方を追求できるようになった。

　次に、ビジネスパーソン自身の変革について考えてみよう。AIの普

及は、個々の働き方やキャリアにも影響を及ぼしている。特に若手の
デザイナーやコピーライターは、AIを駆使することで、従来のキャリ
アパスを大きく変える可能性がある。また、企業内での業務効率が向
上することで、より高度な戦略やアイデアの検討に専念する時間が増
えるというメリットも生まれている。

さらに、企業がAIを活用する上での内製化の重要性も忘れてはなら
ない。オープンソースのAIツールが増える中、それを自社のビジネス
に合わせてカスタマイズする能力は、今後の競争力を左右するキーフ
ァクターとなるだろう。

これからのマーケティングの考え方は、AIの進化とともに大きく変
わっていくことが予想される。その変革を受け入れ、AIの持つ無限の
可能性を最大限に活用することで、新しい価値を創出し、競争力を高
めることが求められる時代が到来している。

AI時代のマーケティング革命と人間中心のアプローチ

デジタル技術が進化し、データやアルゴリズムが私たちの日常に深
く浸透してきた現代。多くの企業やブランドが、これらの技術を駆使
して効果的なマーケティング活動を展開している。生成AIを筆頭とす
る技術の急速な進化とその応用によるマーケティング革命は、私たち
の生活やビジネスの方法を変えてきた。しかし、その中で忘れてはな
らないのは、最終的にはそれをどのように活用するか、そしてその背
後にある「人間の価値」が最も重要であるということだ。

消費者は、単なる数字やデータの集合体ではない。それぞれが独自
の背景や価値観、感情を持ち、それに基づいて行動や意思決定をして
いる。今後のAIはこの「人間の価値」を最も重要視する必要がある。

　∞AIの最大の特徴は、先進的なAI技術を活用しながらも、常に「人間中心」のアプローチを採用していることだ。これは、消費者の真のニーズや動向を理解し、それに基づいて最適なマーケティング戦略を立案するためである。

　例えば、訴求軸の発見AIは、市場データや競合データ、そして自社データをリアルタイムに収集・整理する機能を持っているが、それは「消費者の真の声やニーズを正確に捉える」ことが目的となっている。∞AIは最先端の技術を駆使しながらも、最終的には「人間の価値」を最も重要視している。これが∞AIの強みであり、今後のデジタルマーケティングの中で役割をさらに大きくしていく要因となるだろう。

　今後私たちは、AIとの共生を実現することで、これまでにない新しいマーケティングの可能性を手に入れることができる。これは、効果的な広告キャンペーンの実施だけでなく、消費者との深い関係を築くための新しい方法や手法を探求することも含まれる。

　私たちは、AIと共に、この新しい時代のマーケティングの挑戦と機会に向き合い、継続的な成功を追求していく必要がある。これは、技術と人間の完全な融合を実現するためのものであり、私たちが目指すべき真の目標である。

　今後も、豊かな未来を切り開く課題解決への挑戦を様々な企業と実践し、テクノロジーとデザインを起点に、人々の新しい生き方と、日本の再興に向けた真の変革を追求していきたい。

おわりに

　サム・アルトマン（Samuel Harris Altman）の名前を私の記憶に刻んだのは「Worldcoin（ワールドコイン）」の記事だった。2021年のことだ。

　2021年10月21日付の Financial Times に、「More than 100,000 people have had their eyes scanned for free cryptocurrency」という記事が掲載された。私は、これを読んで「人間の希少価値が高まっていくんだな」と直感した。

　生成AIで一躍有名になったOpenAI。そのCEO、サム・アルトマンは、その一方で、ワールドコイン・プロジェクトを推し進めている。つまり、「AIとID」を並行して、やっているということだ。ここに、彼の先見の明がある。

　サム・アルトマンの先見には「人間の希少価値が高まっていく世界」が見えている。だから、「AIとID」を並行してやるのである。

　このプロジェクトは、人間の眼球（虹彩：iris）をデジタルスキャンし「World ID」を付与する。そして、約60ドル相当の暗号資産「Worldcoin」を無料で配布する。この「World ID」は、人間であることを証明するために必要になる。つまり、AIロボットやアンドロイドではなく、ホンモノの生身の人間、「人間の証明」に使われるのだ。「面白いじゃないか」と私は思った。

　ロイターの記事が分かりやすいので、以下に引用しておく。
　「The project's core offering is its World ID, which the company

212

describes as a "digital passport" to prove that its holder is *a real human, not an AI bot*. 〈中略〉. Once the orb's iris scan *verifies the person is a real human*, it creates a World ID.」

〈意訳：このプロジェクトの中核は、ワールドIDを付与することだ。それを"デジタルパスポート"と呼んでいる。ワールドIDの所有者は、リアルな人間であって、AIロボットではないことを証明する。 〈中略〉 オーブという虹彩スキャンでホンモノの人間であるとひとたび証明されれば、ワールドIDを発行する。〉

出所：「OpenAI's Sam Altman launches Worldcoin crypto project」

　このプロジェクトの背景には、これから、ホンモノの生身の人間の希少価値が高まるという時代感覚がある。シリコンバレーのエンジニアに典型的なテクノ・ユートピア思想が透ける。だから、あなたがホンモノの人間なのかどうか、証明する必要があるのだ。

「アド・ベリフィケーション（Ad Verification）」という専門用語と同様に、「ヒューマン・ベリフィケーション（Human Verification）」が必要になる。そんな時代が始まりつつある。

　アド・ベリフィケーションとは、ネット広告の世界で使われる言葉だ。厳密な定義はおいておくが、ネット空間で回遊しているボットのアクセスで広告が表示されたり、なんらかの不正なクリックがカウントされて広告の請求金額が水増しされたりしていないかを検証（verify）する仕組み・技術のことだ。配信しているネット広告が、悪意のあるボットではなく生身の人間に見られていたのか？ 広告主が検証するために必要なツールだ。
　要するに、アド・ベリフィケーションは、広告へのアクセスがボッ

トではなくて、生身の人間からのものであるかを検証している。つまりは、ヒューマン・ベリフィケーションと表裏一体なのだ。

さきほどのロイターの記事に「Once the orb's iris scan verifies the person is a real human」とある。「verify（検証する）」という同じ単語が使われているのは、偶然ではない。

10年ほど前だった。シリコンバレーのエンジニアたちと話していると、「世界の人口は80億人しかいない。AIロボットやアンドロイドは、100億体、200億体、いやいや、1000億体でもつくれるよ」と盛り上がっていた。AIロボットやアンドロイドの個体数の方が人間の人口（個体数）を超越していく。あるいは、圧倒的に凌駕する。そんな時代を楽しみにしている技術者や科学者たちがいる。

例えば、「2022年における世界の携帯電話サービス累計契約数は84億8,723万契約に増加する見込みである」（参照元：矢野経済研究所「世界の携帯電話サービス契約数・スマートフォン出荷台数調査を実施（2022年）」）。
つまり、携帯電話と同じようにAIロボットやアンドロイドが普及する時代が到来してもおかしくない。80億体以上のAIロボットやアンドロイド。現実的な数なのだ。なぜなら、スマートフォンのように、AIが身近になっていくからだ。

「生成AI時代のマーケティング」、それは、「人間の希少価値が高まっていく」時代の幕開けだろう。人間が人間であること自体に価値がある。あなたが生まれてきたことに価値がある。あなたが存在すること、生きていることに価値がある。あなたこそが価値の源泉であり、いや、本来的に価値そのものなのだ。あなたが生きていない世界に価値など

存在しない。あなたは、ホンモノの人間であり、ホンモノの生身のあなたを生きている。機械のように働くために生まれてきたのではない。ホンモノの生身のあなたが、ホンモノの人間として生きる世界。そこに本来のあなたの価値があるはずだ。そこでは、「人間の条件」が重要になってくる。

　AIロボットやアンドロイドがすべての労働をカバーしてくれる。単純労働から頭脳労働まで、ほとんどすべてだ。人間の数よりも、AIロボットやアンドロイドの数の方が多いのだ。人間として生まれて、「ヒューマン・ベリフィケーション（Human Verification）」で「人間の条件」を満たせば、あなたは働く必要はない。なぜなら、ベーシック・インカムを暗号資産「Worldcoin」で与えてくれるからだ。

　働く必要はないといわれても、いやいや、それでも働きたい。仕事の大好きなあなたはそう言うだろう。勤勉な日本人は多い。でも、「今の仕事をそのまま続けたいですか？　それとも、もっと条件の良い仕事をしたいですか？」と聞かれたら、あなたはどう答えるのだろう。あなたにとって、人間らしい仕事の条件、人間らしい生活の条件、あるいは、「人間の条件」とは、なんだろうか。

　資本主義は、歴史的な大きなトレンドとして、人類の生産性を向上してきた。GDP per Capita（1人当たりのGDP）は、100年前、200年前と比較して、断然、上がっているし、日本の「失われた30年」は異例中の異例であって、世界的には、直近の30年でも上がっているはずだ。

　資本主義は、言い換えれば、人間の価値を高めてきた。1人当たりのGDPの上昇、平均賃金の上昇、単位時間当たりの賃金の上昇。分かり

やすくいえば、時給が上がる。1時間当たりの稼ぐ金額が実質で上がるということは、1時間当たりの人間の労働の価値が上がっていることになる。インフレーションを加味しても実質で時給が上がっているとき、経済的な観点では、「人間の価値が上がっている」といってよい。

この30年は、Windows 95の爆発的なヒットによって、パソコンが一般家庭に浸透し、インターネットがインフラとして普及した時期と重なる。「テクノ・キャピタリズム」と呼ぶ識者も登場し、シリコンバレーを中心としたIT企業、つまり、テクノロジーが世界をリードした時代だ。ITが世界の生産性を高め、世界のGDP per Capitaの上昇に寄与した。そんな30年だった。

Windows 95によって時代の寵児となった、マイクロソフト共同創業者のビル・ゲイツは「ロボットが人の仕事を奪うなら、ロボットに課税するべきだ」と主張している（参照：GQ JAPAN「ビル・ゲイツ：ロボットが人の仕事を奪うなら、ロボットに課税するべきだ」）

生身の人間は、収入に応じて所得税を課されている。生身の人間に代わってAIロボットやアンドロイドが同じ仕事をするなら、AIロボットやアンドロイドにも税金を課してはどうだろうか？　というのがビル・ゲイツの提案だ。税金は福祉や教育など人手不足の仕事に役立てよう、という。そして、もちろん、ベーシック・インカムの財源になる。

通常は、時給といえば、働いた人だけを対象にしている。だが、働かなくても、一定の時給がもらえるのだ。なぜなら、生産性が向上した結果、働かなくても賃金を支払える世界が来るからだ。いや、これまでも、最低限度の生活保障が、日本のような豊かな社会には存在す

る。年金制度も、ある意味では、働かなくても（働けなくなっても）一定の収入を得られる社会保障だ。

「Worldcoin」は、AIによって生産性が上昇した世界において、ベーシック・インカムを提供することを目指している。ただし、その対象は、眼球（虹彩：iris）をデジタルスキャンした「World ID」を保有する人に限られている。荒唐無稽に聞こえるかもしれないが、AIロボットやアンドロイドが、一見しただけでは、人間と区別がつかない世界が到来する。そんな前提があるからこそ、そして、圧倒的多数の人間みたいなAIロボットやアンドロイドが100億体、200億体、いやいや、1000億体が闊歩する世界が来るからこそ、生身の人間に限り発行される「World ID」が必要になるのだ。

「人間の条件」を満たした人だけに、「World ID」が発行され、その人たちは、ベーシック・インカムを受け取れる。「人間の希少価値」が高まり、存在するだけで意味がある。人間が人間であること自体に価値がある。あなたが生まれてきたことに価値がある。あなたが存在すること、生きていることに価値がある。あなたは、ホンモノの人間であり、ホンモノの生身のあなたを生きている。

　機械のように働くために生まれてきたのではない。ホンモノの生身のあなたが、ホンモノの人間として生きる世界。そこに本来のあなたの価値がある。

　ベーシック・インカムがあるから、働く必要はないといわれても、それでも働きたい人は多いだろう。あなたにとって、人間らしい仕事の条件、人間らしい生活の条件、あるいは、「人間の条件」はなんだろうか。

舞台はサンフランシスコ。奇しくも、OpenAIが本社を構えるのもサンフランシスコだ。『アンドロイドは電気羊の夢を見るか？』（1968年）の主人公は賞金稼ぎのリック・デッカード。もともとはホンモノの羊を飼っていたのだが、その羊が破傷風で死んでしまった。今は、〈電気羊〉で我慢している。ホンモノの動物は希少価値が高くて購入できない。せめてホンモノのウサギが欲しいと願っているが、それすらも金額が高くて手が届かない。

　そんなある日、賞金稼ぎの仕事が舞い込む。火星から逃亡してきた奴隷アンドロイド8体を始末してほしい、と。人間と見分けがつかないアンドロイドを、どうやって見つけ出せばいいのか？　小説の中に「World ID」は出てこないが、感情移入度測定ツールによって人間かアンドロイドかを判定していく。

　しかし、アンドロイドの中には、人間社会に溶け込み、役に立つ存在、評価されているものもいる。相手が単なるアンドロイドという機械なのかどうか、いや、殺害しようとしている自分は、はたして人間的なのか。人間とは何か。アンドロイドとは何か。アンドロイドと人間。人間とアンドロイド。自然と非自然。

　「人間と非人間の境界線」を揺さぶってくる、そこが、本作品の神髄だ。人間にも機械的なところがあって、アンドロイドにも人間的なところがある。人間性とアンドロイド性の境は、曖昧なのだ。

　本書の「訳者あとがき」は、論じている。

　　「ディックにおいて、人間とアンドロイドの生物学上の、あるいは自然科学上の区別は、まったく無意味である。**親切な存在はす**

べからく「**人間**」であり、それ以外は人間ではない。ここで彼が、この非人間的性質の比喩としてのみ、「アンドロイド」を持ち出している事を失念してはならない。ディックは、「アンドロイド」と「人間」の形式上の区別には関心がない。**コピーも原物も、親切であればすべて本物である**。」

出所:『アンドロイドは電気羊の夢を見るか？』フィリップ・K・ディック，浅倉 久志著

作者のフィリップ・K・ディックにとって、「人間の条件」は、人間に対して「親切」であるということだ。

ワールドコイン・プロジェクトでは、人間の眼球（虹彩：iris）をデジタルスキャンし「World ID」を付与された人。それが「人間の条件」だ。人間もアンドロイドも識別できない世界においては、あなたがもし、「World ID」を保有していなければ、人間とはみなされない。極端な表現だが、そういうプロジェクトということになる。

『人間の条件』（1958年）という本がある。著者は、ドイツ系ユダヤ人で、ナチズムの台頭したドイツからアメリカに亡命した政治哲学者、ハンナ・アーレント。「ユダヤ人狩り」「ホロコースト」という強制労働・大量虐殺の時代を生き残り、アメリカで教壇に立った。代表作は『全体主義の起源』（1951年）だが、人間が人間としての「親切」な扱いを受けない世界で、「人間の条件」や「人間の本質」を研究せずにはいられなかったのだろう。

ユダヤ人がアンドロイドでもないのに、強制労働を強いられ、大量虐殺された世界があった。「人間の条件」に当てはまらないと言われたようなものだ。人間扱いされなかったのだ。そんな遠い昔のことではない。だから、「人間の条件」を満たしたら、「World ID」で明確に

「あなたは人間ですよ」と伝えて人権侵害などを阻止し、「Worldcoin」でベーシック・インカムを保証したくなる。全体主義国家や権威主義国家が侵略してくる可能性もある。OpenAIで生産性を上げて、「World ID」で人類を守り抜くのだ。ご存じだと思うが、サム・アルトマンもユダヤ系である。

　ハンナ・アーレントは、この『人間の条件』の中で、人間が働くというのには3つの種類がある、と言っている。本書は難解だが、私なりに単純にいうと、1つは「労働（labor）」で、生きるためにやらなければならない労働。2つ目は「仕事（work）」、これは芸術活動やスポーツなどの必ずしも生きるためではない活動、あるいは医者や先生だと労働といっても、生きるためだけではない社会貢献の部分もあるので、そういう部分も含む。そして3つ目は「活動（action）」で、分かりやすく言えば、これは政治活動と言っていい。議員の人はもちろん本業がこれになるが、普通の人でも投票したり、デモしたりすることが「活動（action）」になる。

　シリコンバレーのエンジニアの人たちと話していると、このハンナ・アーレントのいうところの「労働（labor）」と「仕事（work）」のほとんどがAIロボットやアンドロイドによって取って代わられる。どちらかといえば、労働からの解放という極めて肯定的な意味で、AIロボットやアンドロイドが代替するべきで、人間はホンモノの生身の人間にふさわしい仕事・活動をするべきであると考えている。

　もちろん、余計なお世話だと思う人もいるだろう。「俺は、単純労働が好きなんだ」「自ら好んで力仕事をしてるんだ」っていう人もいる。

　そうだ。強制でなければ、何をやってもいい。そんな世界が理想だ

ろう。もちろん、他人を傷つけず、迷惑をかけない範囲で、だが。お
そらく、私の考えでは、多くの人が自分の意志で、自分のやりたいこ
とをやって生活できる。そんな自由な生活ができるのが理想なのでは
ないか。

少し長いが『人間の条件』から引用する。

「アリストテレスの場合、人間が自由に選びうる生活とは、自分
が創りだした諸関係と生活の必要物にまったく関係なく自由に選
びうる生活（bioi）のことであったが、彼はそれを三つに区別し
た。ところで、この生活が自由であるというのは、主として自分の
生命を維持するのにささげられる生活様式は一切この生活から除
かれているからである。すなわち、生命を維持する必要と主人の
支配によって強制される奴隷の生活様式である労働ばかりか、自
由な職人の仕事の生活、商人の利得の生活も除かれている。要す
るに、それは、自発的であるか非自発的であるかにかかわりなく、
また一生涯そうであるか一時的なものにすぎないかにかかわりな
く、ともかく自分の運動と活動力を自由に処理する能力を失って
いるすべての人を除外している。これ以外の、**自由な三つの生活
様式は、それらが「美しいもの」、すなわち必要でもなければ単
に有益でさえないようなものに関連しているという点で共通して
いる**。ところで、この自由な三つの生活様式とは、第一に、肉体
の快楽を享受する生活で、そこでは与えられているままの**美しい
もの**が消費される。第二に、ポリスの問題にささげられる生活で、
そこでは卓越が**美しい功績**を生みだす。そして第三に、永遠なる
事物の探究と観照にささげられる哲学者の生活であって、**この永
遠なる事物の不朽の美**は、人間が介入してもたらすこともできな
ければ、人間がそれを消費することによって変えることもできな

いのである。」

出所：『人間の条件 (ちくま学芸文庫)』ハンナ・アーレント、志水速雄著

「オレ、生きてる〜」って叫びたくなるような、生きている意味を実感する、そんな充実感。自分にとっては、自分の意志でやりたいことをやって、生きている充実感を得るのが至高のときだ。

　ハンナ・アーレントは「美しいもの」を重視している。『アンドロイドは電気羊の夢を見るか？』のフィリップ・K・ディックは、「親切」かどうかが大事だ。まぁ、親切な人は「美しい」ということもできそうだ。

　自分の仕事、いや自分という存在自体が「美しい」と評価され、他の誰かの役に立ち、そして、誰かに「親切」だと言われる。その結果、「オレ、生きてる〜」って充実感を得ている。そしたら、自分としては、最高かもな。

　我々は皆、機械のように働くために生まれてきたのではない。ましてや強制労働するためでは断じてない。さて、あなたにとっての「人間の条件」は、なんだろうか？

　人間らしい仕事の条件、人間らしい生活の条件とは？　ホンモノの生身のあなたが、ホンモノの人間として生きる世界。そこに本来のあなたの価値がある。

　ベーシック・インカムがあるから、働く必要はないといわれても、それでもやりたいことが、必ずある。もはやお金を気にする必要はない世界。その時、挑戦したいこと、やってみたいこと。そこに本来のホンモノの生身の人間が、＜あなた＞として存在するはずだ。

　ところで、余談だが、一橋大学大学院経営管理研究科 特任教授 藤田 勉氏の「世界の有力なIT企業の多くはなぜユダヤ系なのか」によれば、ほとんどのIT企業がユダヤ系である。

　マイクロソフトのビル・ゲイツがユダヤ系、Appleのスティーブ・ジョブズがユダヤ系、Googleのラリー・ペイジとセルゲイ・ブリン、Facebookのマーク・ザッカーバーグ、インテルのアンドリュー・グローブ、シスコシステムズのサンディ・ラーナー、ウォルト・ディズニーのロバート・アイガー、オラクルのラリー・エリクソンと、列記されている。

　ちなみに、アインシュタインもカール・マルクスもフロイトも、スティーブン・スピルバーグもシェリル・サンドバーグも、そして、もちろん、国際ユダヤ資本の基礎を築いたロスチャイルド家もユダヤ系。

　よくAIやロボットによって仕事が奪われるといわれる。歴史的にみれば、どんな仕事でもなくなっていく可能性はある。もちろん、テクノロジーの進化によって影響を受ける人もいるだろう。

　でも、ビル・ゲイツもサム・アルトマンも、ホンモノのエンジニアで経営者は、おそらく生来的に、人間にとても優しい人たちなんだという事実を忘れないでほしい。テクノロジーをリードする人たちには、なぜか、ユダヤ系が多く、そして、彼らと話して感じるのは、ホンモノの生身の人間が人間らしく生きていける世界、強制労働や大量虐殺、侵略や戦争のない世界を本気でつくろうとしていることである。

　彼らは、その不幸の歴史から、本質的に、人間に優しいのである。だから、「AIとID」の世界を見通す先見の明があるのだ。

〈謝辞〉

　最後に謝辞を。もちろん最初は、マイクロソフトの共同創業者、ビル・ゲイツに。DOS/V機からWindows 95に乗り換えたときの感動は忘れられない。秋葉原で並んで興奮しながら購入した。ビル・ゲイツがいなければ今のマイクロソフトはない。そして、今のマイクロソフトがOpenAIに投資すると決めなければ、このタイミングで生成AIのブレイクもなかっただろう。社会的意義の高い出資を決定したマイクロソフトの現CEO、サティア・ナデラや経営陣のリーダーシップにも、感謝している。大きな賭け、リスクを覚悟で判断したのだと思う。そして、その成果をしっかりと世に出したサム・アルトマンにも同様に、感謝したい。まだ30代後半の彼がこれからどんな活躍を見せるのか。楽しみで仕方ないし、応援していきたい。

　この時代の潮流をリードしようと、本書の企画・編集・校正・出版を引き受けてくださった、日経BP 日経クロストレンド編集委員の酒井康治さん、記者の小林直樹さん、そして、日経クロストレンド元編集長（現、経営企画室長）の杉本昭彦さん。杉本さんの後押し、酒井さんと小林さんのご理解で本書の企画アイデアを前に進めることができた。お三方に心から、感謝を申し上げたい。

　著者の方々には、本書の企画アイデアを持ち込んでいただいたり、扱う内容の範囲や深さ、想定読者などについてご意見をいただいたりした。いや、ただしくは、それぞれの著者がそれぞれの担当領域を独自に企画・執筆し、私は日本マイクロソフトの広報担当者や製品担当者に校正を依頼したに過ぎない。著者の方々のご尽力に、本当に、感謝しかない。

　第1章を執筆したMKTインターナショナル CEO ／ 代表取締役社長 赤井誠さん。第2章のアタラ CEOの杉原剛さん、コンサルタントの大野柊一さん、広報担当の直井章子さん。第3章を担当した電通コンサルティング 代表取締役 社長執行役員の八木克全さん、パートナーの長山剛さん、プリンシパルの秋枝克実さん。そして、『ジェネレーティブAIの衝撃』（2023年）著者で、グローバルコンサルティングファーム パートナー 執行役員、一般社団法人Metaverse Japan共同代表理事の馬渕邦美さんには、インタビューを引き受けていただき、かつ、大所・高所から専門的知見をいただいた。感謝を申し上げたい。

　さらに、株式会社temaris 井橋哲平さん、株式会社Digital Evangelist 金谷武明さんにも第2章の執筆に際し、ご協力をいただいた。この場を借りて、感謝を申し上げたい。

　本書の制作は、Microsoftの生成AI関連製品が市場に出るタイミングと重なり、とても慌ただしい中で行われた。それにもかかわらず、本書の校正協力を快く支援してくれた、日本マイクロソフトの製品関係部門の方々にも、心から感謝したい。

　マイクロソフトディベロップメント開発統括部の山岸真人さん、篠塚祐紀子さん、さらに、Microsoft Advertising（広告事業本部）の中泉涼さんにも加わってもらった。また、打ち合わせなどのスケジュール管理は、舘田美奈子さんにサポートしてもらった。日本マイクロソフト関係者のご協力がなければ、本書の出版はできなかった。本当に、ありがとうございました。

　私は偶然、2022年8月末、マイクロソフトに入社し、その3カ月後から奇跡的に生成AIがブレイク。社内外の素晴らしい出会い、マイク

225

ロソフト広報の方々のご支援とご協力、同じ広告事業本部の強力なバックアップ、電通コンサルティング・アタラ合同会社・MKTインターナショナルというベストの執筆陣、そして、何よりも、日経BPという歴史も伝統も信頼感もある出版社。何かに導かれるように、本書のプロジェクトが、おのずから、立ち上がり、自走するかのように円滑に進んでいった。その不思議なご縁、奇跡的なタイミング、そして、信頼できる関係者と仲間のすべてに、本当に、心から感謝している。

　そして最後に、「ニッコリ〜」が口癖の妻。毎日、ニコニコしながら家事全般を掌握し、明るく振る舞ってくれる彼女の存在がなければ、私が落ち着いて仕事をすることはできないだろう。家族はまるで「神様からのプレゼント」のようだと、妻と2人の娘たちには、感謝している。ありがとう。

2023年10月　有園雄一

日経クロストレンド

「マーケティングがわかる　消費が見える」を編集コンセプトとするオンラインビジネスメディア。顧客相手のビジネスを展開している限り、携わるすべての人が「マーケター」です。顧客に寄り添い、課題を解決するヒントを探るべく、日経クロストレンドではマーケターのためのデジタル戦略、消費者分析、未来予測など、多彩なテーマの記事を平日毎日お届けします。また、第一線で活躍するマーケターを招いた各種セミナーイベントも定期的に開催。あらゆるマーケティング活動やイノベーション活動を支援します。
https://xtrend.nikkei.com/

マイクロソフト**Copilot**の衝撃
生成AI時代のマーケティング

2023年10月30日　第1版第1刷発行

著　者	赤井 誠、杉原 剛、大野柊一、八木克全、長山 剛
発行者	佐藤央明
発　行	株式会社日経BP
発　売	株式会社日経BPマーケティング
	〒105-8308　東京都港区虎ノ門4-3-12
	https://bookplus.nikkei.com/
協　力	有園雄一（Microsoft Advertising Japan）
装　丁	小口翔平+阿部早紀子（tobufune）
制　作	關根和彦（QuomodoDESIGN）
編　集	酒井康治、小林直樹（日経クロストレンド）
印刷・製本	大日本印刷株式会社

ISBN978-4-296-20349-9
Printed in Japan
©2023 MKT International, Inc. / ATARA, LLC / Dentsu Consulting Inc.